戦国大変

決断を迫られた武将たち

乃至政彦

はじめに

大戦や大乱でなく、大変である。

戦国時代は一大変革期だった。

社会、体制、国家観。そして戦争、宗教、人々の意識など——。さまざまな転回があった。

中世と近世それぞれの独自性と相違点を見るには、それまでの日常が通用しなくなるなどんな事件があって、人々が何を決断したか、社会がこれに何を学んだかに、目を向ける必要がある。

しかし、こうした抽象的な思考を進めようとすると、案外その思考を助けてくれる先行研究があまり見当たらない。

戦国時代は、今もどこかで専門家たちの手によって、歴史事実の追求が進められている。それでもまだいつ判明するのか見えてこないことが多い。この場合、どうするべきだろうか。

見当たらないなら、自分で進めてみるべきである。そう考えながら本書を作り上げた。やってみなくちゃわからない。わからなかったらやってみよう。

戦争の変化への疑問

例えば、兵粮《ひょうろう》など軍需物資の補給と管理をどうしていたのか、いまだによくわかっていない。

多くの人は、次のような話を聞いたことがあるだろう。

①戦国時代、大名が遠征する時は、後方から戦地まで軍需物資を輸送するのが通例であった。補給線を断たれると物資が枯渇するので、軍事侵攻時には後方輸送路の防備が不可欠であった。

②戦場では現地調達への依存度が高く、略奪を恐れる村落は、侵略者たちに礼銭《れいせん》・礼物《れいもつ》を献上して略奪禁止の制札を求めた。

①の認識はミリタリー方面からのアプローチから、②の認識は文献史学の導き出した観測から広まっているが、史料を意識して眺めていると、①と②のどちらも事実と食い違っているように思える。

①は世界的な軍事の常識に照合するのだろう。だが、なぜか戦国時代に右のような補給と輸送の概念が移動する軍勢のため制度化されていたと考えられる史料が検出されていない。

当たり前のことは史料に残りにくい。これは大前提だが、ここまで何もないのはやはり不審だ。そもそも海外の軍事史研究がどこまで信頼できるのか、それすら私にはわからない。そしてそれを日本の内戦時代にどこまで適応できるのかもわからない。

②は史料に基づいた確たる学説として受容する層が増えている。ただもしそうだとして、物資の補給を遠征先の略奪に依存する権力が、中世を乗り越え、そのまま近世を迎えられるだろうか。自軍の略奪を禁止する制札は敵地以外でも出されており、懐疑的な視点が必要であるように思う。

主観、客観、蘇生と対話

私は過去を生きた人間の思考と感覚に興味があるのだが、作家または研究者の解釈と異なる見解を持つところが多い。

作家が過去の時代に迫る時は、現代人の主観を当時の主観に重ね合わせる誘導装置として、物語というフィクションを構築する。そこから架空の連続性を生み出す。

研究者はそこを避けて客観という様式をベースに、再現性ある実証というフィクションを構築する。そこから認知可能な過去事象としての仮説を創り上げていく。

作家でもなく、研究者でもない私が歴史に近づく過程で進める手法は、このどちらか片方ではなく、両方だ。

そこに深刻な思想や大義は何もない。当事者視点の想像力を働かせることに重きを置くだけである。

その先にあるのは、対象の主観に自己の主観を重ねる作家的投影ではない。対象の主観を離れて客観性から解釈しようとする学術的解釈でもない。対象および当事者の主観を仮説的に復元して、過去の人間と対話するのである。言い換えるなら、歴史人物を今に蘇生《そせい》させるのだ。

仮説のアップデートを目指して

ここで先ほどの軍需物資の話に戻したい。

戦国時代といっても、その前期・中期・後期、そしてこれに続く豊臣時代では、物資の管理方法に変化があるはずである。中世の社会と制度は、戦国を経て近世までに大きく変化したのだから、そう考えるのが自然である。

その変化の諸相に仮説を提示して、戦国の風景と感覚を見えやすくするのが本書の目指すところである。

本書はＪＢｐｒｅｓｓに掲載してきたコラムのうち、戦国時代に大きく変化する人々の実感を伝えるであろうものをを選り集め、大幅に加筆修正したものである。

ここで披瀝《ひれき》する独自の解釈は、一般の論者に支持される通説と大きく相違するところもある。どちらが事実に近いかは、読者の皆さんの判断にお任せしたい。

なお、参考文献は本文と脚注に記したので、巻末にはまとめなかった。記事の見出しにはその内容に適合する年次を最初に置いている。本文で扱う史料は歴史に関心の深い人々が簡単にアクセスできるだろうものは省略した。また、史料の原文を引用する際に、読解の便宜《べんぎ》を図り、傍点《ぼうてん》や句読点《くとうてん》、およびカッコ書きの注を加筆したところもある。

記事の中には、お堅いものから、かなり緩めのものもある。

それぞれお楽しみいただき、あなたの中にある疑問が少しでも解消されたら幸いである。

関連年表

年	主な出来事	本書の項目
文明九年（一四七七）	応仁の乱ほぼ終結。	
永正三年（一五〇六）	上杉房能、水原祢々松に父景家の遺領の安堵状を送る。	【水原祢々松×長尾為景】
永正一七年（一五二〇）	長尾為景、水原政家に兄憲家の遺領（祢々松が相続）を安堵する。	
天文一八年（一五四九）	フランシスコ・ザビエル、九州の薩摩に来着。	
天文一九年（一五五〇）	ザビエル、山口で大内義隆と対面。	【大内義隆×ザビエル×フロイス】
天文二〇年（一五五一）	大寧寺の変で、大内義隆が陶隆房（晴賢）に滅ぼされる。	【大内義隆×大寧寺の変】
弘治元年（一五五五）	厳島合戦で、毛利元就が陶晴賢を滅ぼす。	
永禄三年（一五六〇）	桶狭間合戦で、織田信長が今川義元を滅ぼす。	【徳川家康×桶狭間合戦】 【織田信長×桶狭間合戦】
永禄一〇年（一五六七）	織田信長、一色斉藤氏を駆逐し美濃を制す。 信長、この頃から「天下布武」の印判を使いはじめる。	【織田信長×印判】
永禄一一年（一五六八）	足利義昭、織田信長を伴い上洛。義昭が将軍に就任。	
永禄一二年（一五六九）	越中松倉城で、籠城する椎名康胤が上杉謙信の侵攻を防ぐ。	【上杉謙信×椎名康胤】
元亀元年（一五七〇）	姉川合戦で、織田・徳川連合軍が、浅井・朝倉連合軍を破る。	【足利義昭×姉川合戦】
元亀三年（一五七二）	上杉謙信、越中尻垂坂の戦いにて加賀・越中一向一揆連合軍を破る。 武田信玄、いわゆる西上作戦を開始。 三方ヶ原合戦で、武田信玄勢が徳川家康勢を撃破。	【武田信玄×西上作戦】
天正元年（一五七三）	西上作戦の途上で武田信玄急逝。	【武田信玄×諜報員】 【徳川家康×武田信玄】
天正三年（一五七五）	長篠合戦で、武田勝頼が織田・徳川連合軍に大敗。	

天正六年（一五七八）	上杉謙信急逝。	【上杉謙信×後継体制】
天正七年（一五七九）	上杉家の後継争い（御館の乱）で、上杉景勝が上杉景虎を滅ぼす。	【上杉景虎×御館の乱】
	上杉景勝、武田勝頼の妹菊姫を妻に迎える。	【武田勝頼×上杉景勝×菊姫】
天正一〇年（一五八二）	三月、甲州に侵攻した織田勢により、武田勝頼が滅亡。	
	六月二日、惟任光秀が本能寺の変で織田信長を滅ぼす。	
	一三日、山崎合戦で、羽柴秀吉が惟任光秀を滅ぼす。	【惟任光秀×山崎合戦】
天正一一年（一五八三）	賤ヶ岳合戦で、羽柴秀吉が柴田勝家勢を破る。	
天正一二年（一五八四）	小牧・長久手合戦で、徳川家康が豊臣秀吉を翻弄するも、豊臣軍と講和。	
天正一三年（一五八五）	豊臣秀吉、関白に任じられる。	
	伊達政宗、大内定綱勢の守る小手森城籠城者を撫で斬りにする。	【伊達政宗×小手森城】
天正一八年（一五九〇）	豊臣秀吉が小田原合戦で北条氏を滅ぼす。	
文禄元年（一五九二）	豊臣秀吉による第一次朝鮮出兵（文禄の役）起こる。	
慶長二年（一五九七）	豊臣秀吉による第二次朝鮮出兵（慶長の役）起こる。	
慶長三年（一五九八）	豊臣秀吉死去。	
慶長五年（一六〇〇）	謀反を疑われた会津の上杉景勝に、徳川家康率いる追討軍が向かう。	【上杉景勝】
	上杉追討のさなか石田三成が挙兵するも、関ヶ原合戦で徳川家康に敗れる。	【直江兼続×関ヶ原合戦】【石田三成】【本多忠勝×石田三成】
慶長八年（一六〇三）	徳川家康、征夷大将軍となる。	
慶長一〇年（一六〇五）	徳川秀忠が徳川幕府二代征夷大将軍となる。	
慶長一九年（一六一四）	大坂冬の陣が起こる。	
元和元年（一六一五）	大坂夏の陣で、徳川家康が豊臣秀頼を滅ぼす。	

一五二〇年

【水原祢々松×長尾為景】

なかったことにされた女当主
――遺言の捏造と事実の改変の一次史料

当主が急死し、家中は大騒ぎ。戦国初期には跡継ぎが未定――なんてことが多発。後期は「こんな事態も想定しない者に領主の資格などない」と、跡継ぎなく急逝した主君の領地を没収する掟まで作られた。ここでは跡目相続の問題から、戦国越後での女当主の誕生と、同時代に見える史料偽造の疑惑に迫る。

現在の水原城址(復元代官所)

戦国時代と女当主

歴史の創作物には「おんな武将」がよく登場する。

私の記憶によると、ゲームでは「信長の野望 天翔記《てんしょうき》」（光栄、一九九四）で初めて「姫武将」という概念が登場し、そこから女性を武将として活躍させるシステムはシリーズ定番と化している。

史実から見て戦場に出たことなどないはずなのに勇ましく武装するゲームの姫君や、または伝承において籠城戦の指揮を執ったとされる奥方もあれば、佐藤賢一氏の『女信長』(1)や篠綾子氏の『女人謙信』(2)のように、史実では男性だった武将が「女性化」(3)された作品など、実在の女性を武将として扱う創作物は多種多様である。そしてその多くは、架空の設定に彩られたものである。

だが、戦国時代には実際に女性の当主も存在した。

女の身でありながら、当主として一族郎党をまとめ、戦国を生きた女性たちである。

ここで紹介する女性は、そんな女当主の一例を示すものだ。

越後の女当主・水原祢々松

永正《えいしょう》三年（一五〇六）閏《うるう》一一月、越後《えちご》守護・上杉房能《ふさよし》は、水原祢々松《すいばらねねまつ》（「弥々松《ややまつ》」と翻刻する論考や資料集もあるが、祢々松が正しいようだ）なる女性に次の安堵《あんど》状を送った。

【部分意訳】

そなたの父・又三郎景家《かげいえ》が去る九月一九日に、越中の般若野《はんにゃの》合戦で討ち死にしたことを神妙に思う。そなたは女子の身であるが、父の跡目をどうするかよく考え、代官に軍役《ぐんやく》・奉公《ほうこう》を勤めさせたいなら、現在の知行《ちぎょう》経営を引き続き認めることとする。

【原文】（『新潟県史』一五二八号　大見水原氏文書「上杉房能安堵状」）

「水原祢々松女　　房能」（封紙ウハ書）

父又三郎景家去九月十九日於越中国般若野合戦討死、神妙之至候、雖為女子、遺跡事相計、以代官軍役奉公勤之、当知行領掌不可有相違之状如件、

永正三年閏十一月二十六日

房能〈花押〉

水原祢々松女

こうして祢々松は、父・水原景家の戦死により、遺領を相続したのである。

なお、ほかに戦国時代の女当主で有名な人物としては、相模北条家の尾崎大膳《おざきたいぜん》娘・時宗(『戦国遺文 後北条氏編』一五九八号文書)や、「おんな城主」として知られる遠江《とおとうみ》の井伊直虎《いいなおとら》がいる。直虎(実は男性だと思うが)が当主になったのは永禄《えいろく》八年(一五六五)である。

加えて、筑後《ちくご》の立花誾千代《ぎんちよ》も女城主として有名であろう。彼女が「城督《じょうとく》」(当時の西国においてよく使われた言葉で、城代の意味)に任じられたのは天正三年(一五七五)である。

水原祢々松は、彼女たちに比べると知名度では劣るものの、戦国の女当主としては、彼女たちよりも時代が早い。このようにあまり有名ではないが、実は一時期女性が家督を受け継いだという事例は中世にいくつもあったりする。

では、なぜこのようなことが起こったのだろうか。彼女が跡目を受けたのは、「般若野《はんにゃの》合戦」による父の討ち死にという悲劇的事件がきっかけだった。

ここでその般若野合戦を簡単に説明しよう。

般若野合戦

越後と国境を接する越中に、加賀《かが》の一向一揆衆が侵攻し、大混乱に陥っていた。越中《えっちゅう》守護の畠山尚慶《ひさのぶ》（後の卜山《ぼくざん》）は上方《かみがた》にいて、現地にはいなかった。

そこで尚慶は、越後守護の上杉房能に、一向一揆衆の駆逐を要請する。房能は自身の家老にあたる守護代・長尾能景《よしかげ》に出兵を命じた。

能景は謙信の祖父にあたる人物で、「武畧《ぶりゃく》の健将《けんしょう》」と評される勇士であった。(4)

だが、能景に思わぬ事態が訪れる。進軍途中で味方であるはずの越中守護代・神保慶宗《じんぼよしむね》が背後から裏切ったのだ。ここに、能景率いる越後勢は、越中奥深くで孤立する。

気がつけば一揆衆は眼前に迫り、進退窮まった能景は九月一九日、越中の般若野（芹谷《せりや》野《の》、栴檀野《せんだんの》とも）で孤軍奮闘、討ち死にを余儀なくされた。享年四三。もちろん、辞世の句など残っていない。本当に予想しない出来事だったのだ。

討ち死にしたのは大将だけではなかった。当時の公家の日記に「越後衆多以落命」（『実《さね》隆公記《たかこうき》』）とあるほどの無残な状況で、越後勢は多くの将士を失った。

突然の悲報を受けた遺族たちは、跡目を誰に継がせるかで、とても困惑したことだろう。

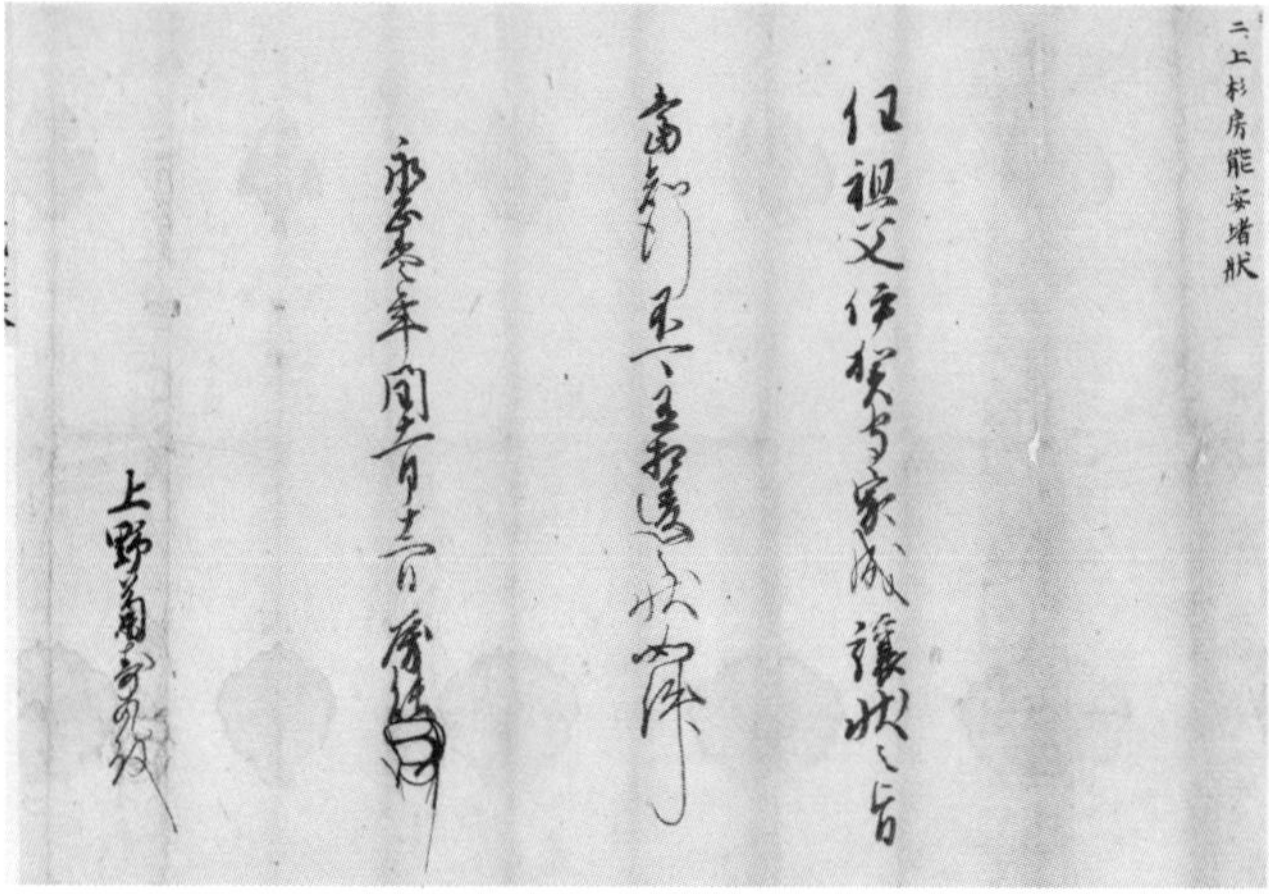

「上杉房能安堵状」（新潟県立歴史博物館所蔵）

中には変則的な跡目相続を行なわなければならない国人領主もあったのだ。

変則的な跡目相続で生まれた幼女の城主

現在確認されるところでは、同年一一月二三日に上杉房能が、まだ元服前と思われる毛利弥《や》九《く》郎《ろう》（元賀、広春カ）に、父・越中守清《きよ》広《ひろ》の所領を「譲状《ゆずりじょう》」に基づいて、譲り受けることを認めている。清広が戦死したのだろう（『新潟県史』一五五四号文書）。

房能は、同年閏一一月一二日にも幼年の上野菊寿丸《きくじゅまる》[5]に、祖父からの知行相続を認めている（『新潟県史』一五八六号文書）。こちらも菊寿丸の父親（家成の息子）が戦死したのだろう。

毛利家中と上野家中は、年少の当主誕生による家中の動揺を払拭《ふっしょく》するため、守護に急な跡目相続を働きかけたと思われる。

ちなみにどちらもそれ以前に「譲状」が発給されているが、いかにも不自然である。「実は戦死した者が亡くなる前にこのような譲状を残していました」と後から創作して、状況が状況だけに守護も共犯的にこれを認めたのではないだろうか。

さて、水原家も「父又三郎景家」が「合戦討死」するという緊急事態に直面した。景家には家督を譲り渡せる男子の身内がおらず、ゆえに譲状の創作もできなかった。それゆえ、房能は水原家中に求められるまま、「代官」を立てて奉公さえしてくれればその権利を認めるという安堵状を発給したのである。

ここに水原家中は「祢々松様は女子といえども、御屋形《おやかた》（上杉房能）様がお認めになった御当主様だ！」と一致団結を誓い合ったことだろう。

年齢も経歴も不明な祢々松だが、こうした経緯から彼女がどういう女性だったかをひとつばかり想像することができる。

祢々松は文中で「女子」と書かれる年若《としわか》の少女であった(6)。

さらに房能は「婿取りをして、その者に忠勤させせよ」というのではなく、「代官に軍役・奉公を（させなさい）」と伝えている。このことから、祢々松が他家から男子を迎え入れにくい年齢だったと推定できる。つまり祢々松は幼年の当主だったのであろう。

大叔父の野望

幼女・水原祢々松は、「わくわく…っ！」などと娯楽に飢えたり、「ねねまつ、おしろにすみたい」などと言い募ったりして水原城主になったわけではない。本人はむしろ父親を失って絶望の淵に立たされていたであろう。

そんな彼女を、家中の者たちは余人《よにん》をもって変え難いと考え、新たな家督代行者として推戴することを決意した。それを守護の房能も、やむなきことと判断して、安堵状を発給したのである。

ところで水原家中の者たちはなぜ彼女が家督にふさわしいと判断したのだろうか。その鍵を握る人物は、水原政家《まさいえ》である。彼は「伊勢守憲家《いせのかみのりいえ》」の弟であった。つまり、祢々松の大叔父にあたる。

祢々松の家督相続から一四年後となる永正一七年（一五二〇）五月、当時「水原伊勢守」を名乗っていた政家に、「左衛門尉為景《ためかげ》」なる人物から次の安堵状が送られた。

【部分意訳】

御舎兄である水原憲家の遺跡、ならびに本・新・当知行地のことは、これまで通り運用することを水原政家に認めよう。

【原文】（『新潟県史』一五二八号　大見水原氏文書「長尾為景安堵状」）
［水原伊勢守殿　左衛門尉□□］（封紙ウハ書）
御舎兄伊勢守憲家遺跡并本新当知行地事、如此間、御執務不可有相違候、何様御屋形御定上、継目御判追而可申沙汰者也、仍件如、
永正十七年五月十二日
左衛門尉《さえもんのじょう》為景〈花押〉
水原伊勢守（政家）殿

この安堵状を発給した「左衛門尉為景」とは、長尾為景。越後守護代・長尾能景の息子である。為景は父の死後、守護代を継ぎ、越後の国政を取り仕切っていた。

この安堵状に登場するもうひとりの水原一族である憲家は、政家の兄で、かつての当主様である。明応《めいおう》六年（一四九七）、憲家は景家（祢々松の父）に家督を譲り渡したが（『新潟

水原氏系図

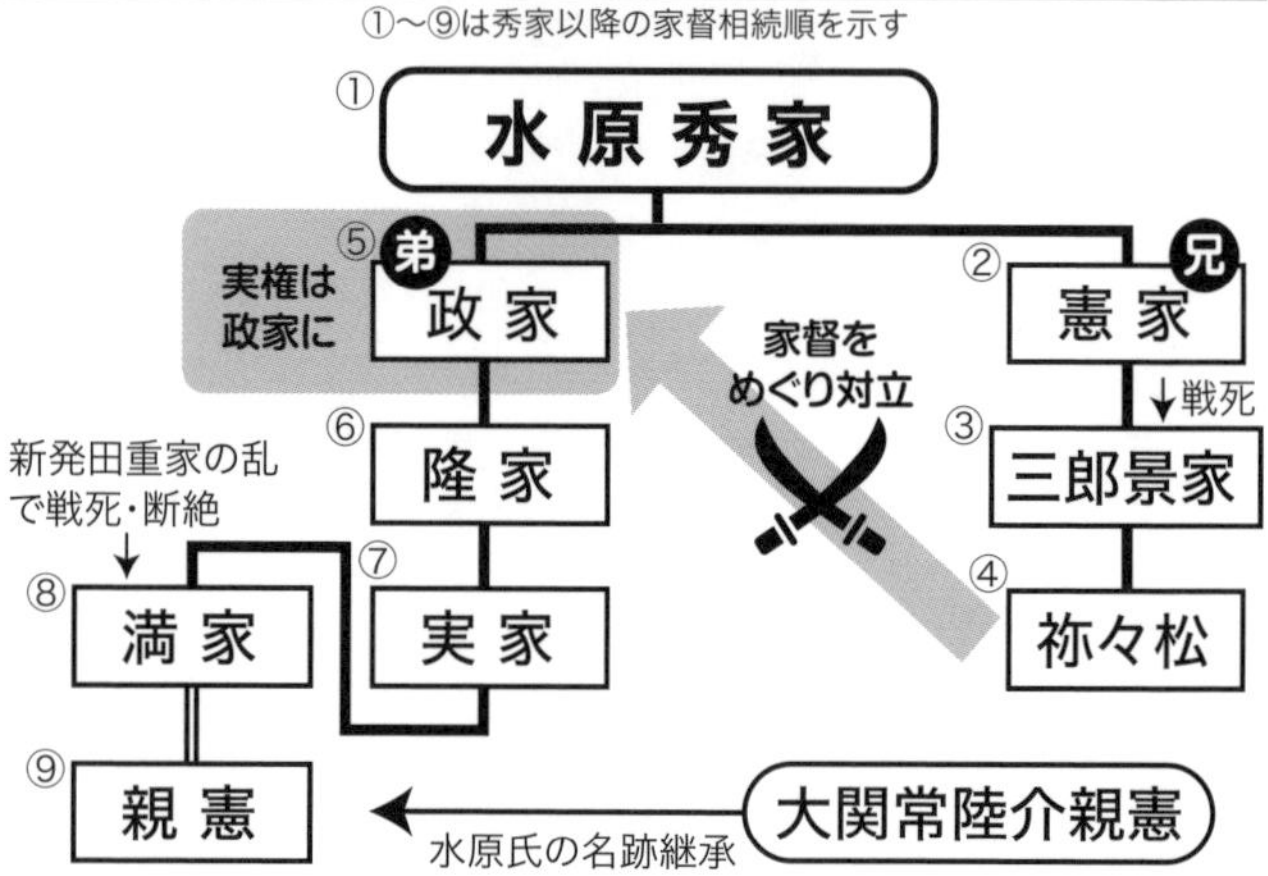

①～⑨は秀家以降の家督相続順を示す

県史』一五二四号文書）、為景はここに弟の政家が家督を統括することを認めた。

政家は祢々松の二世代上にあたるが、この時、現役の武将として認められているので、まだ中年の域に留まる年齢だったと思われる。

ここで為景は、祢々松の存在をまるでなかったものとしており、その家督相続を無視しているように見える。

また、「伊勢守」は、兄・憲家の受《ず》領《りょう》名であった。そしてこの時まで政家が同称を用いているようであるから、政家が自身にこそ家督統括の正当性があるとその名乗りで主張し続けていたことを推測できる。

ここに永正三年（一五〇六）の段階で、

房能が祢々松の家督相続を認めた理由が見えてくるのではないだろうか。

つまり、水原景家の戦死後、叔父の「政家派」と、娘の「祢々松派」の間で家督が争われたのではないかということだ。

守護と守護代の対立が同族の確執に

さて、政家派と祢々松派の対立の背景として考えられるのは、守護方と守護代方の確執である。

守護・上杉房能は「御屋形様」とはいえ、実際には大きな兵権がなく、能景を筆頭とする越後国人衆の実力に支えられる存在であった。

これをよしとしない房能は、領主たちから実権を奪いとり、守護権力の強化をはかっていた。もちろん国人領主の多くはこれに不満を持った。

能景は守護の家老であるとともに、国人領主たちの盟主でもある。能景はしばしば房能の意向に従わず、煙たがられていた。その能景が般若野合戦で戦死して、為景が跡目を継ぐと、両者の関係は、房能派VS.為景派の形で緊張化した。

先に述べた「政家派」と「祢々松派」の構図もここから生じたと思われる。

きっと政家派は「甥《おい》の景家が討ち死にしたのは、御屋形様の無謀な命令が原因じゃ。兄と甥の無念を思えば、水原家一同、為景殿をもり立て、御屋形様の暴走を抑えねばなるまい！」と考え、祢々松派は「さにあらず。何はどうあれ、御屋形様は御屋形様。分をわきまえて奉公するべきであろう」と、火花を散らしたのだろう。そうでなければ、政家が家督を統括するのがもっとも現実的だったはずだ。

以上の構図に基づくと、房能が祢々松の跡目相続を認めた背景が理解可能になってくる。房能は、政家派を危険視したのだ。

動乱を生き抜く水原家

ところが、祢々松が跡目を相続した直後に大事件が起こってしまう。なんの前触れもなく為景が手勢を連れて、房能の屋敷を襲撃してしまったのだ。房能が為景の討伐を計画していたので先手を打ったと言われるが、今のところ真相は不明である。

突然の出来事に慌てふためく房能は関東へ逃亡しようとした。が、激しい追撃を受け、ついには自害させられた。享年三四。

下克上を果たした為景は、主殺しの汚名を受けながらも、すぐ次の守護を立て、多くの政敵をことごとく打倒、ついには越後の国主として君臨するに至った。梟雄《きょうゆう》誕生である。

その間、水原一族は為景のために働き、恩賞として知行を増やされていった。

房能の死後、水原家の実権は政家が握り、祢々松は形ばかりの当主となっていたのだろう。

永正一七年（一五二〇）、為景が政家に安堵状を発給することとなったのは、祢々松が当主の座を降りたからであると思う。成人して剃髪《ていはつ》したか、いずこかへ嫁いだか、あるいは早世《そうせい》してしまったのかも知れない。

年齢未詳の祢々松だが、幼年で跡目を相続した時から一四年が経過しているので、この時は少女または妙齢の女性であっただろう。

下克上の風雲に巻き込まれた祢々松の運命は、史料にまったく残っていない。この時期、越後の動乱は激しく、滅亡する国人《こくじん》領主も少なくなかったが、水原家は生き残った。その後も水原家は、尚武《しょうぶ》の家風でもって、為景・謙信《けんしん》・景勝《かげかつ》を支え、米沢《よねざわ》藩上杉家臣として家名を残す。

特に大坂冬の陣で活躍した老将・水原親憲《ちかのり》の勇名は、今も人々の心を惹きつけている。

一五五〇年

【大内義隆×ザビエル×フロイス】

武将の酷評が作られ、広がる仕組み

――男色の逸話創作と愚将の伝説拡散

勝者には美名が、敗者には汚名が残る。ここでは、敗者の汚名がどのように作られ、広がっていくかの一例を外国からやってきた宣教師の史料から示していく。現代人の言葉は後世に残りやすい。歴史人物の美名や汚名に対して、我々はどう向き合っていくかを考えておきたい。

聖フランシスコ・ザビエル像
（メトロポリタン美術館所蔵）

敗者の名声

戦国武将は生前その評価が高くても、政変や合戦で敗死してしまうと、死後その名声が低下してしまうことがある。場合によっては事実でないことまで捏造されてしまうこともある。

その一例として見るべきは、周防《すおう》の戦国大名・大内義隆《よしたか》である。男色《なんしょく》（少年愛）(7)に溺れた情けない愚将のように笑われることが多いが、その論拠とされる逸話は実のところ、後世の作り話である可能性が高い。なぜこのような逸話が作られてしまったのか。

そのプロセスを見てみよう。

宣教師が非難した日本の男色

大内義隆には、キリスト教の宣教師《せんきょうし》ザビエルと対談した時に「男色をするものは下劣です」と非難され、激昂したという逸話がある。その出どころは宣教師のフロイスが書いた

『日本史』である。この記事ではその真偽を探っていくが、その前にザビエルが義隆のお膝元である山口の町で辻説法をした時の記録を見てみよう。

すべての（仏僧には）破戒の相手となる少年がいて、そのことを認めたうえに、それは罪ではないと言い張るのです。世俗の人たちは僧侶の例にならって、ボンズ（＝坊主）がそうするのだから、我々もまたそうするのだと言っています。

（河野純徳訳「フランシスコ・ザビエル書簡」[8]）

当時の日本人にはおせっかいな話だったらしく、ザビエルを「この人たちは男色の罪を禁じている人たちだ」とはやしたて、「あざ笑」ったという。

だが、やがてその努力は報われたらしい。ザビエルに同行していたヴァリヤーノは、のちに「日本に聖職者（フロイスたち）の光が輝き始めてからは、多くの人々は、その闇（男色）がいかに暗いものであるかを理解し始め」たと誇らしげに述べている。

『日本史』に見るザビエルと義隆の対談

続けてフロイスの『日本史』の記述を追ってみよう。(9)

天文《てんぶん》一九年(一五五〇)厳冬、宣教師として来日したザビエル一行は周防の山口という「富貴な町」についた。大内義隆の城下町である。

山口の「侍臣《じしん》や御殿《ごてん》の豪華」さは群を抜いていたが、国主の義隆は「放恣《ほうし》な振舞いと奔《ほん》放《ぽう》な邪欲とに耽っているうえに、彼は自然に反するかの恥ずべき罪にも身をやつしていた」という。ここでいう「恥ずべき罪」とは男色のことだ。やがてザビエル一行は大内家臣(内藤興盛《おきもり》)の目に留まり、義隆のもとへと招かれた。

義隆は対談に応じたザビエルに遠慮なく質問を投げかけ、ザビエルはそれぞれ丁寧に応答した。はじめのうちは穏やかな対談が続いたが、やがてザビエルが日本人の罪すなわち男色について語り出し、雲行きが怪しくなってきた。

このようないやらしいこと(男色)を行なう人間は豚よりも穢らわしく、犬やその他の道理を弁《わきま》えない禽獣《きんじゅう》よりも下劣であります。

義隆の顔色は瞬時に変わり、この場を立ち去るようザビエルに命じた。義隆は男色趣味のお殿様だったのだ。

フロイスの記述によれば、「彼等（ザビエル一行）は王（義隆）に一言も返辞しなかった」という。一行は殺すよう命じられるかもしれないと危うく思いながらも、翌日には誰の許可も得ないまま、山口で布教活動を続けた。この逸話は宣教師の正義感と義隆のだらしなさを伝えるものとして、今も信じられている。

しかし、実は逸話の出どころがとても疑わしいのである。

ザビエルとフロイスの話が違う

ザビエルは義隆没の翌年に病死しており、フロイスはその数年後、初めて来日した。フロイスが『日本史』を書き始めたのは、ザビエルが世を去ってから約三〇年も後のことである。

実際の出来事からかなり年月が経ってから書かれた二次史料[10]なので、内容の正確さを問う必要がある。ちょうどいいことに一次史料[11]として、ザビエル本人が義隆との対談模様をヨーロッパの知人に書き送ったものが残っている[12]。

意外なことだが、こちらにはザビエルが義隆に男色を非難して、激怒させるくだりが書かれていない。書翰《しょかん》のあらましを見ていこう。

一行が山口にたどりつくところまでは同じである。町で辻説法を行なったザビエル一行は人々から嘲りを受けた。異教徒が振りかざす正義に、現地民が反発したのだ。特に一神教や一夫一妻制の教えと、男色を罪悪とする教理には不満が強かった。唾を吐きかけられ、石を投げられることもあったという。それでもザビエルは布教を続け、たくさんの信者を獲得した。聞いたこともない考えに同調する日本人がいたのだ。

異人たちの熱心な活動は、大内義隆の知るところとなった。興味をもった義隆は対談を望み、一行を御前に招いた。ザビエル本人の証言を見てみよう。

どのようなわけで日本へ来たのか、などと尋ねられました。私たちは神の教えを説くために日本へ派遣されたもので、神を礼拝し、全人類の救い主なるイエズス・キリストを信じなければ誰も救われる術《すべ》はないと答えました。領主（義隆）は神の教えを説明するように命じられましたので、私たちは「信仰箇条の」説明書の大部分を読みました。読んでいたのは一時間以上にも及びましたが、そのあいだ、領主はきわめて注意深く聞いておられました。その後私たちは［御前を退出し］領主は私たちを見送ってくださいました。私たちはこの町に幾日も逗留して、街頭や家の中で説教しました。

ここでザビエルは義隆に男色批判を行なっていない。それどころか義隆はザビエルの退出を、丁重に自ら見送りしている。

義隆の態度は極めて好意的であった。その後、ザビエルは日本の元首である天皇への謁見を望み、京都に向かったが、天皇にも将軍にも会うことはかなわなかった。さりとて京都は戦乱に荒れていて治安も悪く、長期滞在には向いていない。やがて一行は義隆のお膝元である山口へと戻ることにした。

不可解である。フロイスの話とザビエルの話はまるで違っているではないか。もしフロイスの言うように、ザビエルと義隆を怒らせていたら、京都を離れたあと、山口に戻ったりせず、ほかの町へ出かけただろう。だが、ザビエルは再び義隆に面会を申し出て、正式の布教許可を下されたという。ザビエル書簡の続きを見てみよう。

（義隆は）大きな愛情をもって私たちにこの許可を与えてくださり、領内で神の教えを説くことは領主の喜びとするところであり、信者になりたいと望む者には信者になる許可を与えると（御触書に）書き、領主の名を記して街頭に布令を出すこと命じられました。

義隆は御触書まで出して積極的にザビエルを支援した。しかも彼らの宿を心配する義隆は、「学院のような一字の寺院」まで与えた。宣教師を支援した人物といえば、織田信長《のぶなが》と大友宗麟《そうりん》が有名だが、大内義隆は誰よりも先駆けて、彼らのバックに立ったのである。ザビエルも布教先の為政者に、男色の所業を非難してその顔に泥を塗ってしまうほど愚かではなかったはずだ。

危うい伝聞と誇張癖のある記録者

なぜ当事者であるザビエルの証言とフロイスの記録に、違いがあるのだろうか。これは背景を追ってみると、およその見当がついてくる。

ザビエルの死から六年後の西暦一五五八年一月一〇日、インドのベルショール・ヌネスがポルトガルの友人へ送った書状に「ジョアン・フェルナンデスの言によれば、パードレ（神父）

は［中略］山口の王に対してはその罪を責むること激しく、生命の危険ありき」と書かれていて、既にザビエルの証言からかけ離れた記述となっている(13)。

フェルナンデスはザビエルに同行する宣教師のひとりだったはずなのに、これはどういうことであろうか。

情報を整理しよう。

ザビエルが山口で布教許可を得てからわずか五ヶ月後、大内家重臣の陶隆房が山口を襲撃し、義隆は自害させられた。大寧寺《たいねいじ》の変である。隆房に制圧された山口は戦禍に見舞われ、宣教師たちはまさに「生命の危険ありき」の状態に陥った。そのため彼らは別地方まで避難せざるを得なかった。ヌネスが書いた「生命の危険」は「山口の市全部を焼」かれた大寧寺の変描写の後に見えることから、義隆ではなく隆房による恐怖の記憶と思われる。

大寧寺の変以降の大内義隆評

この時、既に日本国内では、後述する朝倉宗滴《そうてき》や山本勘介《かんすけ》らの記録に見えるように大内義隆批判が横行していた。死後、急速に悪化した義隆へのイメージから、フェルナンデスの記憶が曇ることになったのだろう。

その後、フェルナンデスは、来日したばかりのフロイスに便宜を図り、その通訳を務めている。『日本史』の記述はフェルナンデスに取材したものであろう。フロイス上役のヴァリニャーノはフロイスについて「誇張癖がある」と指摘している。

たしかにそうかもしれない。

フロイスの文章は描写力があり、具体的で生き生きとしている。しかもその内容は断片的に現代日本の書籍やインターネットサイトに広く紹介されており、大きな影響を得てしまっている。こうして大内義隆は、男色趣味に耽っているのを外国人に咎められた恥ずかしい大名として、滑稽に描かれやすくなってしまったのである。

このような伝言ゲームで、自国の人物評価が偏ってしまうのは、決して好ましいことではない。

我々が歴史に向き合う姿勢を、後世の人々もまたどのように評価するかを考えておくべきではないだろうか。

一五五一年

【大内義隆×大寧寺の変】

末世の道者は、未来の覇者ならずこそして

——なぜ大内義隆は陶隆房を誅殺しなかったか？

謀反の兆しがあるものは、速やかに粛正する。それが乱世の習いだ。

それでは、今が乱世か否かは、誰がどうやって判断したのだろうか？

「乱世じゃない」と思う人と、「今こそ乱世」と思う人との境目はどこにあるのか？

ここでは、歴史の境目にいた大内義隆と陶隆房にクローズアップしてみたい。

大内義隆（東京大学史料編纂所所蔵模写）

大内義隆最後の作戦

天文二〇年（一五五一）――。

周防の大内義隆はながらく雌伏《しふく》の時にあったが、いよいよ壮大な作戦を始動するところにあった。

「ここまで当家の地獄を見てきた者たちだ――」

出雲《いずも》での大敗から年月が過ぎた今、義隆は三人の重臣の顔を思い浮かべ、「――面構えが違う」と心のうちで呟いただろう。

本国周防《すおう》守護代・陶隆房《すえたかふさ》。もと美少年（かも）。従五位上《じゅごいのじょう》。当家筆頭の武断派である。周防は義隆の本国だが、実務は彼に任せておけば安泰だった。領民や商人からも慕われている。

豊前《ぶぜん》守護代・杉重矩《すぎしげのり》。隆房とは険悪だったが、仲直りを考えているようだ。心の広い男である。時々いらざる諫言をしてくるが、宥《なだ》めていればそのうち黙るようになる。

長門《ながと》守護代・内藤興盛《ないとうおきもり》。文人としても武人としても周囲から一目置かれるところがあり、ザビエルが山口に来た時は義隆との面談を成功させた。冷静な判断のできる男である。

このほか、筑前守護代・杉興運《すぎおきかず》と石見《いわみ》守護代・問田隆盛《といだたかもり》も有能で誇らしい能臣である。彼らのおかげで義隆も胸を張れる。

その忠勇こそ大内家の宝であると義隆は思っていたはずだ。そして重臣たちの未来に期待を寄せていた。

それぞれ癖はあるものの、彼らのうち誰ひとりとして欠かすことなく、率兵上洛(14)を実現すれば、文武両用の王道が果たされる。そうすれば乱世は完全に終わるだろう。

出雲の尼子晴久《あまごはるひさ》とも講和して、個々のくだらない紛争を過去のものとしなければならない。京都の将軍を超えて、従二位《じゅにい》に叙《じょ》され、さらに参議に任じられた義隆は、まさに王道の実現者たらんとしていた。

日本無双の大名だった

さて、そんな義隆について、マニア以外で好意的なイメージを抱く人はあまりいない。晩年は戦争に積極的でなく、最期は謀反で討たれてしまった。結果、その栄華と大志を受け継ぐ者も現れなかったため、これを高く評価する人が現れなかった。同時代を生き延びた者たちにとって、義隆を持ち上げていいことはあまりなかったからである。

ただ、義隆が俗流の解釈にあるような現実の問題に無頓着な愚将だったとは思われない。まず時代背景を振り返ってみよう。少なくとも義隆が亡くなるまでの戦国時代は、今のテレビゲーム的な国盗り至上主義の時代ではなかった。単に領土を増やせばいい、力さえあればいいとは誰も思っていなかった。

豊後《ぶんご》大友家が天文一一年（一五四二）三月に発布した分国法《ぶんこくほう》「政道十七条」二条に次の一条が見える⒂。

【意訳】

文武の道を嗜《たしな》めて、治世はまず文をもってなし、乱世は武をもってなす、於いては武を先になす。そして治に乱を忘れず、甲冑・弓馬・武器など常に貯め置くものなり。

【原文】

文武之道可相嗜事、治世以文為先、乱世以武為先、而治不忘乱、甲冑・弓馬・戈矛等

常貯可置也、

まだ戦国時代とも足利時代ともいえるこの時代[16]において、「治に乱を忘れず」という言葉には相応の説得力があった。今は一応平和だが、武の道を捨ててはならない——。そういう認識が一般的だったようである。

武士が文化的であることは美徳で、殺伐とした風潮を打ち払うには文治に目を向けることが重要だった。

大内義隆は高い官位を賜り、西国筆頭級の守護としてその武威を中国から九州まで轟かせていた。為政者としての実力だけでなく、文化への理解も深く、誰もが羨む理想の大名として西国《さいごく》に君臨していた。

義隆は「日本無双の大名[17]」だったのである。

満点の先駆性

義隆には先駆的なところもある。

例えば、天文六年（一五三七）頃に筑前少弐《しょうに》家・豊後大友家との紛争が落ち着くと、筑前一国の関所を全て撤廃させている。関所は治安を守るのに有効だが通行料を取るため、物流を滞らせる側面がある。紛争が終わった以上、経済復興を優先したいと考えての判断だろう。永禄一一年（一五六八）、織田信長も分国内の関所撤廃を指令しているが、義隆はこれより三〇年近くも前にこれを実施しているのである。

誰よりも早く宣教師の布教を認めたことも評価すべきである。ザビエルが義隆御前《ごぜん》で男色を非難したため追放されたという俗話があるが、前述のように後世の作り話である。義隆はザビエルを厚くもてなし、布教許可の御触書《おふれがき》まで発した。

また、その官位の上昇についても批判的な声が多いが、それはその意図を正しく測ろうとする意思の放棄になってはいないだろうか。

義隆は伝統的権威を尊重するあまり、形式上の権威を盲信していたわけではない。

地方大名がかくも高い官位を叙任されるには、独自のビジョンがあるだろう。義隆が遠い目をする時、その先には新たな時代の景色が具体的に見えていたに違いない。義隆は派手な戦争の功績こそ伝わらないが、その政治には〝ただの大名〟ではなく、〝天下の満点お大名〟を目指す男の開拓精神を見出せる。

信頼する者の裏切りを否定する

しかし義隆はあまりにもその最期が無惨であったため、辛辣な酷評が寄せられてしまう。高い理想が崩れた反動である。

天文一〇年（一五四一）冬、義隆は幕臣の大舘尚氏《おおだてひさうじ》に「世上之儀、風聞其趣承之、可致其覚悟」との決意を書状で伝えた（『大舘常興日記』）。世間の期待に応えて、率兵上洛するつもりだと述べたのだ。(18)

だが、家中に問題が生じる。義隆の耳に、重臣・陶隆房が謀反を企んでいるとの風聞が寄せられたのだ。

義隆家臣の相良《さがら》武任《たけとう》申状《もうしじょう》に「天文一八年（一五四九）に毛利元就《もとなり》が宴会のため（大内義隆のいる山口まで）下向した時について、杉重矩が（大内義隆に）『元就と陶隆房が何か話し合っていると聞きますので、御油断なされませんよう。毎夜、陶隆房が下級武士を使って、元就の宿に文の入った箱を持たせて通わせているようです』と申し上げました」(19)と、かねてから隆房が毛利元就と共謀していた形跡を認められる（『毛利家文書』一五五六号文書）。

下級武士に目立つ文箱を持たせて秘策を進めるなど、随分と穴だらけの動きである。このような杜撰な計略が義隆の耳に入らないわけがない。隆房の逆心など人から聞かされるまでもなく、とっくにお見通しだっただろう。

ただ、そのような愚行と報告は当時どこの家中にもたくさんあったと思われる。「あいつはおかしい。謀反を企んでいる」「このような罪を重ねている」と言い募って政敵を蹴落とそうとするのは、政争の常だ。そんなものをいちいち信じていたらキリがない。

例えば越後の上杉謙信は、重臣の北条高広《きたじょうたかひろ》が裏切った直後、「高広はしっかりした武功の忠臣であるからそんなことはしないはずだ」と報告を否定した。美濃《みの》の織田信長も出陣中、妹婿《いもうとむこ》の浅井長政《あざいながまさ》が裏切ったと報告が入った時、「妹婿にしてやり、江北《こうほく》まで任せているのだ。そんなことをするわけがない」と認めようとしなかった。だが、どちらの裏切りも誤報でなく真報だった。

そして義隆も、隆房が「御家競望」を進めたところで人々が隆房についてくるはずがないと論理的に看破して実行を否定した。

義隆の判断は、後漢末の曹操《そうそう》を思わせる。曹操は敵地から回収した裏切り者たちの書状を、一切見ることなく全て焼却させた。このため曹操の軍団から裏切り者が多発することは抑止された。君子たるもの部下の悪事を見聞きしても「魔がさしただけだ」と一笑に付す寛容さが重要である。

だが義隆は不幸だった。隆房が、まるで〝無敵の人〟のように、後先考えることなくこんなバカげたクーデターを本当に決行してしまったのである。しかもこれは謙信や信長よりも遥か前の時代の出来事だった。ここまで無謀な裏切りはまだ、当たり前に行なわれてはいなかった。

そしてその愚行が、乱世をより深めさせる風潮を広げてしまい、謀反した陶隆房本人も義隆の看破した通り、支持基盤を固められず、あえなく滅亡してしまった。

大寧寺の変は、義隆がバカだから謀反が実現したのではなく、隆房が不合理だったから実現してしまったのである。

二階崩れの変、井上一族誅殺、新宮党粛正という転換期

大寧寺の変は、時代の転換期に起きた事件である。

この時期より、西国には変革の波が押し寄せていた。ひとつひとつはマクロで見ると小さな事件だが、直面した人々にとっては生死を分かつ大事件であり、世界の全ても同然であっただろう。

1551年前後の大内義隆勢力

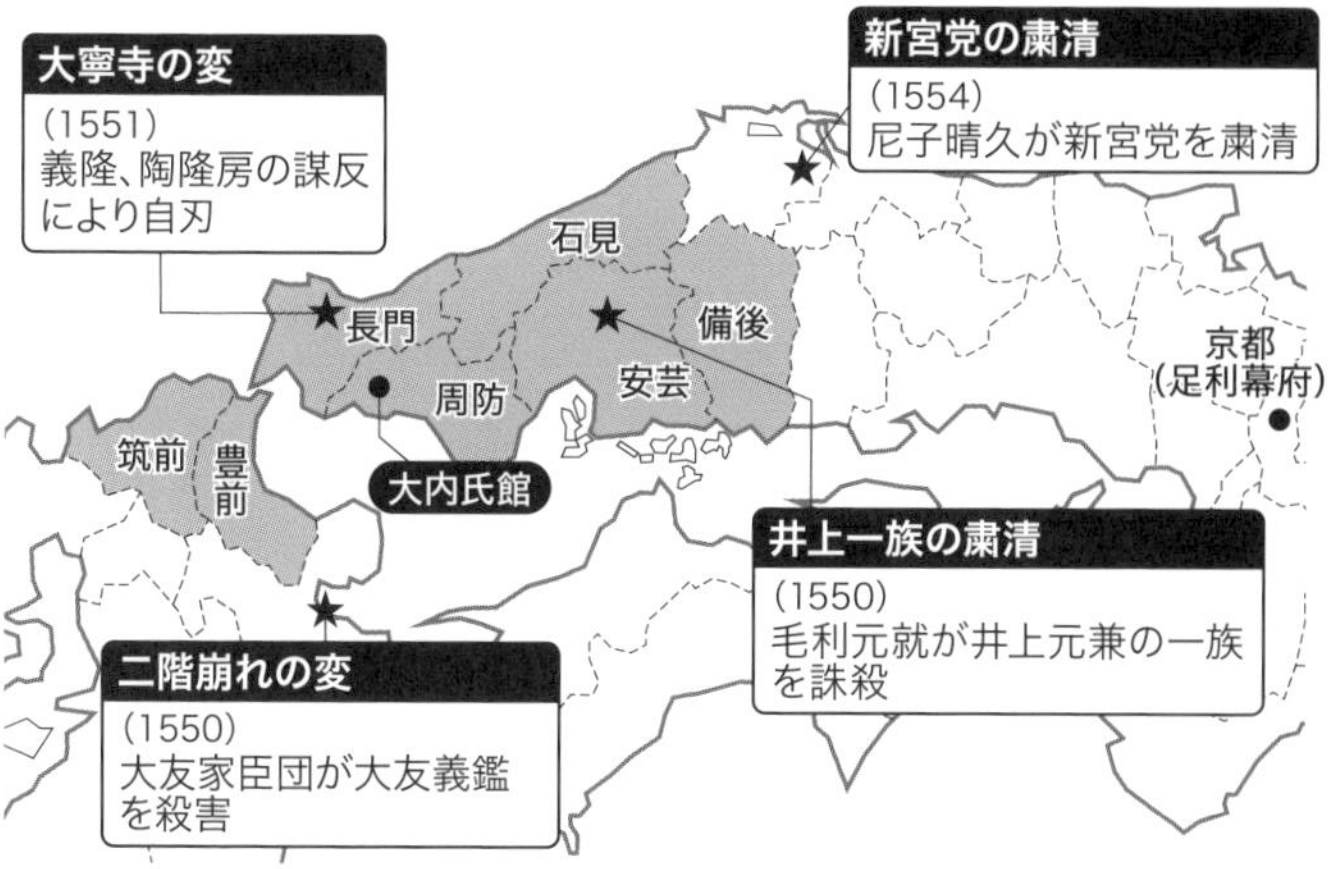

天文一九年（一五五〇）二月一〇日、豊後の大友義鑑《よしあき》が長男・義鎮《よししげ》（のちの宗麟）の廃《はい》嫡《ちゃく》を考えていたところ、大友館の二階で謀反に遭って三男・塩市丸《しおいちまる》と共に殺害された。いわゆる「二階《にかい》崩れの変」である。

大友家中にあった家臣同士の不和は乱後、義鎮らによって沈静化していく。長年蓄積された不満が謀反による政変という形で暴発したのは大内家も驚かされたことだろう。

同年五月には、前征夷大将軍《さきのせいいたいしょうぐん》・足利義晴《よしはる》が、近江穴太《おうみあのう》の地において四〇歳で病死した。このため、すでに将軍職を継承していた嫡男の足利義藤《よしふじ》（のちの義輝《よしてる》）が一五歳で独り立ちすることになった。その後の義藤の人生は非常に多難で、京都で落ち着いて幕政のできる環境は最後まで得られなかった。幕府の衰退ぶりはもはや覆い隠せなかった。義隆はこんな時代を哀れに思い、父・義興のように率兵上洛《そっぺいじょうらく》を実現して、天下を平和に導こうと考えていたのだろう。

同年七月には、安芸《あき》の毛利元就・隆元《たかもと》父子が家中の井上元兼《もとかね》一族を誅殺《ちゅうさつ》した。毛利父子は事前に、大内義隆に宛てて「井上衆罪状書」(『毛利家文書』三九八号文書)を送り、許可をもらってから実行した。毛利家は義隆の命令なくして、国内の有力者を誅殺できなかった。井上一族誅殺は、毛利の飛躍を支えたと高く評価されるが、実際は上位権力者の威光に頼らざるを得ないほど困り果てていたのであり、毛利家の余裕のなさを感じさせる。

なお、これより四年後の天文二三年(一五五四)一一月、出雲の尼子晴久は、家中の有力者である新宮《しんぐう》党を粛正したが、その後尼子家が衰退したことから新宮党を滅ぼすべきではなかったとする評価がある。

毛利も尼子も似たようなことをしたわけだが、結果から遡及的に事件の評価が定められているわけである。

もし晴久が上手く立ち回り、毛利一族を滅ぼしていたら、元就の井上一族誅殺は愚行扱いされていただろう。もし晴久が勝利を重ね、尼子勢力圏が中国地方全土で安泰と化していたら、新宮党粛正は英断として絶賛の声を集めていたことだろう。

死後に一変する評価

義隆は文治の姿勢を崩すことなく、家臣の逆心を不合理と看破して実行不可能と見なしていたため、天文二〇年（一五五一）九月、大寧寺の変に遭って自害することになった。

最後の辞世――。

討つ人も討たるゝ人も諸共に　如《にょ》露《ろ》亦《やく》如《にょ》電《でん》応《おう》作《さ》如《にょ》是《ぜ》観《かん》[20]

享年四五であった。

ところでもし義隆が文弱《ぶんじゃく》の輩であったなら、謀反人に命乞いして、隆房の擁立する大内晴英《はるひで》（義長《よしなが》）に譲状を書き渡し、隠居生活を送ることもできただろう。だが義隆は捕虜となる道を是とせず、山口を脱して大寧寺まで逃れ、堂々と切腹することにした。

信長と比べても恥ずべきところのない最期ではなかろうか。ところが世間の武士たちは、大内家が滅亡すると、義隆を痛烈に非難した。

甲斐《かい》武田家の足軽大将・山本勘介は、義隆のことを次のように述べている。

【意訳】

（義隆は）諸芸を上手になされ、ことさら物を読み書き、内典《ないてん》・外典《げてん》に明るく、歌を詠み、詩を作り、行儀がよくて、裃《かみしも》を離さず、朝のお座敷でも膝を崩さず、午後三時頃まで御座にいる間は、すべての作法が定まっています。［中略］奉公衆・大身《たいしん》・小身《しょうしん》の者は読み書きをし、詩を作り、歌を詠むことを重視して、武辺《ぶへん》を軽視しています。彼らは自分に相応しくない者を友にするべきではないという本に影響されて、自分より小身のものを相手にしません。

【原文】（『甲陽軍鑑』品第二七）

（義隆は）諸芸上手になされ殊更物を読書、内典・外典くらからず、歌をよみ詩を作り、行義をたゞしくして上下をはなたず、朝の御座敷に膝もくつろげず八ツさがりまで御座有作法に定まり候、［中略］奉公衆大身小身ともに物をよみ習ひ、詩を作り、歌をよみ候へは、武篇はいらぬと心得、忠節の衆として、己にしかざる者を友とする事な

かれという物の本をみては、我より小身なる者とつきあひ申まじく候、

また次のようにも酷評した。

【意訳】

（義隆は）華奢《きゃしゃ》・風流なことばかりにふけり、ことごとく邪道です。［中略］大内殿は畳の上での奉公人に所領をやり、［中略］みんなが恨みごとを募らせているようですと家老《おとな》が申し上げても聞き入れず、大内義隆はその家老・陶晴賢に国を取られたのです。

【原文】（『甲陽軍鑑』品第二七）

花車・風流なる事ばかりにふけり悉く邪道なり、［中略］た、みの上の奉公人に知行を下さる［中略］諸人大将へうらみたへずとおとな異見申候へとも大内殿承引なされずして其異見申たる陶と云おとなに国をみなとられ給ふ

ここでいう「邪道」とは後付けの付会《ふかい》であろう。義隆の振る舞いは治世において間違っ

たことではあるまい。乱世においては「邪道」かもしれないが、それは時代の方が狂っているだけである。

これに加えて勘介は、「畳の上で楽に奉公する奉公人に知行をやると、みんな命を捨てることを馬鹿にするようなります」とも言っている。もともとの身分が低く、武芸や軍学で成り上がった勘介は安定して「畳の上」で働いていられる武士を嫌っていたのだろう。奉公の中でも、命を賭けた軍役をなす忠節忠功の者にこそ知行を与えるべきだと考えていたのである。

勘介ばかりでなく同書の記主も、乱世を生きている心がけがなくて家運を傾けた大将として「西国にて大内義隆、関東にて上杉憲政《のりまさ》、扨《さ》ては今川氏真《うじざね》」（品第三三）を挙げている。勘介だけではない。「武者は犬ともいえ、畜生ともいえ、勝つことが本《もと》にて候」の凄まじい名言で知られる越前《えちぜん》の朝倉宗滴《そうてき》（教景《のりかげ》）も、義隆に次の酷評を加えている。

【意訳】

今の日本で国持の器用がなく、人使いの下手な人といえば、土岐《とき》（頼武《よりたけ》）殿・大内（義隆）殿・細川晴元《はるもと》の三人である。

【原文】（『朝倉宗滴話記』）

当代日本に国持の無器用、人つかひ下手の可申人は、土岐殿・大内殿・細川晴元三人也、

朝倉家は、土岐家および細川家と直接の利害関係にあったからその評価に私情が入っているのだろう。だが、朝倉家と大内家とはさしたる接点がなかった。にもかかわらず、これほど厳しく見下しているのだから、義隆に対する世間のイメージが当時どれだけ落ちていたかが想像されよう。没年直後の義隆には「末世《まっせ》ノ道者」(21)との賛辞こそあれ、辛辣な批判がされたことはなかった。

武辺者の勘介や宗滴は室町幕府を中心とする小康《しょうこう》状態を否定し、弱肉強食を生き残る乱世の新しい思想を主張した。

もうなりふり構ってはいられない。ぼやぼやしていると親兄弟や僚友にまで命を狙われる。贔屓人事という「人使いの下手」をやっている場合ではない。

乱世ここに極まれり。そしてそれは義隆の死が招いたものだった。

酷評の理由と「もしも」の可能性

なぜここまで非難されるようになったのか。その理由を難しく考える必要などない。義隆は時代の転換期を決定付けた人物だからこそ、酷評を加えられたのである。〝ああなってはいけない〟と強調されるのも、そのように言語化しなければ、〝ああなりたい〟という気持ちを抑えにくい現実があったからではないか。

もしも義隆が死ななければ、率兵上洛を実現して足利幕府を再興し、戦国時代をもう少し穏やかに終わらせることができたかもしれない。

その場合、隆房の「御家競望」を泳がせたことなどは美談として語り継がれたであろう。乱世の入り口を前に官位を高め、礼法を遵守させた家風も高く評価されるようなっていたであろう。

歴史を見る上で、このような「もしも」を想像するのは禁断とされるが、逆だと思っている。歴史のＩＦを考えるのはタブーでも何でもない。むしろＩＦを通さず結果と実績だけでものを見る方が、偏った英雄史観を生み出す土壌となる危険性があるのではないだろうか。

勝てば官軍、負ければ賊軍――。誰かに都合のいい解釈をそのまま鵜呑みにすることなく咀嚼《そしゃく》しなおすためには、ＩＦの想像とそのための材料集めは、有用であると思う。

面構えが違った人々

大寧寺の変から四年後、陶隆房は毛利元就に厳島《いつくしま》合戦で争って敗れた後自害した。享年三五。

杉重矩は、隆房の逆心を義隆に何度か報告したが容れられずにいた。困り果てた重矩は「【意訳】御家人は大小・老若、そのほか、分国中の土民・商人以下まで隆房の配下である。義隆側近の若者までが隆房の味方で、御前のことは全て筒抜けである。隆房は近いうちに義隆に忠義を尽くす者から滅ぼすだろう」と相良武任に告白して今後を憂えた（『毛利家文書』一五五六号文書）。

そして天文一八年（一五四九）冬、以前から不仲であったはずの隆房の無謀な企みを抑止するどころか、隆房と和解する道を選んだ。

その翌年、義隆に隆房逆心を報告したことが漏れてはまずい、口封じしておこうと考えて、相良武任を亡き者にしようと企む。

ところが武任は大内家を出奔して事なきを得た。そして重矩は隆房の謀反に加担することになる。しかし二年後、重矩は隆房と争うこととなり、これに敗れて自害した。自業自得というべきだろうか。享年不明。

内藤興盛は、変の前に相良武任の来訪を受けた。そこで（杉重矩から隆房謀反の話を聞いたことは隠されたまま）武任から謀反の兆しがあると聞かされたが、興盛は「なるほど、わからない。重要なことをお知らせいただき、かたじけない」と要領を得ないような返答をした。[22] そして大寧寺の変の時も隆房に対して明確な意思表示をすることなく、のらりくらりと生き延びたが、その後ほどなくして亡くなった。享年六〇。

面構えが違う者たちは、その心構えも違っていた。まだ見ぬ地獄を前にして、それぞれの考えに従い、積極的または消極的に、謀反に関わって義隆を滅亡に導くこととなった。

麒麟は死んだ

義隆の死は、同年一一月成立の『大内義隆記』に掲載された九月一日付天野隆良・岡部隆景書状において「獲麟《かくりん》」と評された。この言葉には、天下の静謐《せいひつ》を保証する救世の聖獣・麒麟《きりん》が、愚人たちの手によって捕殺されてしまった絶望がある。

言うなれば、義隆は麒麟のような聖者であったがゆえに、謀反を防げなかったのだ。

義隆は失われた。義隆が切り開くべきだった未来も失われた。救いなき世に残された人々は、さらなる地獄をその目にしていくこととなる。謙信の関東越山《えつざん》、死屍累々たる川中島、足利義輝の弑殺《しいさつ》、比叡山の焼き討ち、織田信長を裏切る足利義昭《よしあき》、一向一揆の根切《ねぎ》り――。

いずれもあとわずかの猶予が義隆にあって、率兵上洛が果たされていれば、起こりえなかったことかもしれない。

この地獄を次の時代に導く「厭離穢土欣求浄土《えんりえどごんぐじょうど》」の旗が、遠き三河《みかわ》の地で掲げられるのは、義隆の死より一〇年後のことである。

番外編①

中世日本で弩を使わない原因は将門に——武士と書いて「もののふ」と読む

日本の武士はクロスボウを使わない。その理由は様々に語られるが、武器としての性能だけでは結論を出すことができない。

武士たちの武装が「軍旗」や「軍鼓」を好まず、「旗印」「法螺貝《ほらがい》」など独自の道具を、軍用らしからぬ微妙な呼び名で使っていた理由もここから読み取れるだろう。

武士とクロスボウ

日本史の愛好家たちの間で論争になりやすい話題として、「なぜ日本の武士は弓を使っても、クロスボウ(23)は使わなかったのか」という問題がある。

私はその原因を考える上で、わかりやすい例が平将門《たいらのまさかど》だと考えている。

クロスボウは、古代中国で「弩《ど》」として使われた。近年まで狩猟用として使用する民族

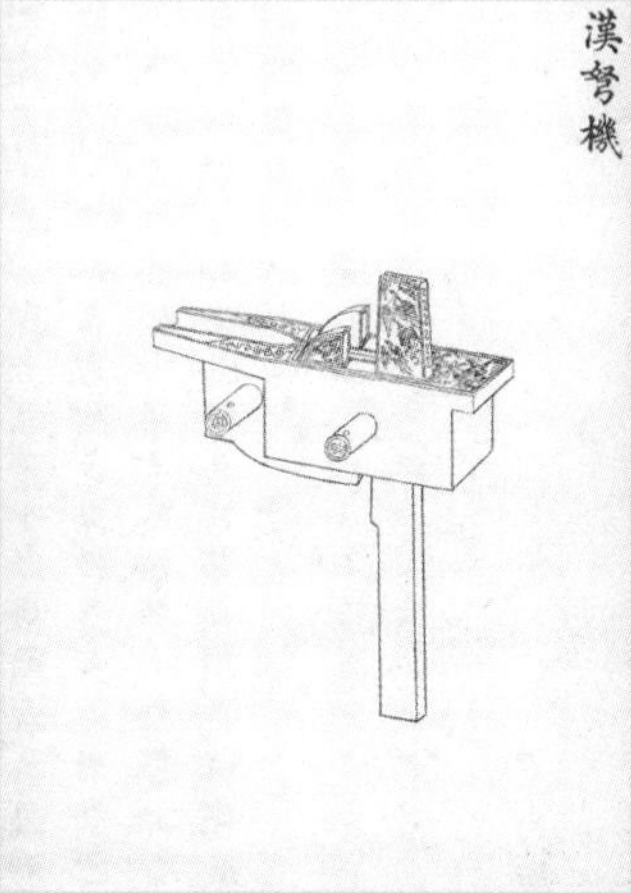

『寧寿鑑古』の弩機（国立国会図書館）

がいたというぐらい使い勝手のいい道具である。

機械式の兵器ではあるが、その扱いは比較的容易なようである。ただ、あらゆる機械がそうであるように、整備と管理は難しかったことであろう。中国では弩が広範囲かつ長期間に大量生産されたと思われる。扱いが簡単でも、壊れた時に補充可能な体制がなければ、維持できるものではなかったからだ。

中国の兵器と兵制をほぼそのまま継受する律令制時代の日本でも、弩は正式採用されて、弓・剣・矛《ほこ》と並んで重用された。それが武士の時代になると、まったく使用されなくなってしまう。

中国や欧州などでは、火器が現れても愛用

月岡芳年「相模次郎平将門」（国立国会図書館所蔵）

され続けたが、日本では中世を前にしてなぜか使われなくなってしまうのである。

これは、武士の兵器観や武芸観によるという捉え方もあるが、決定的な説明にはなっていない。歴史の分岐が少し違っていれば、武士もクロスボウを使っていた可能性はあるだろう。それよりも、もっと単純な理由から、そうしたルートが断たれてしまったように思われる。

この謎を解く鍵を、平将門に求めてみよう。

滝口武士だった将門

将門は、関東を制圧して「新皇《しんのう》」を名乗ったがため、朝廷に滅ぼされた。朝廷の支配が全国に及んで以降、国内にまったく別の王朝を建国したのは、将門ただひとりである。

将門が滅びて一〇〇年以上が経つと、平清盛《きよもり》や源頼朝《みなもとのよりとも》という有力武士が現れ、幕府を開いた。武家政権の誕生である。

武士というのは、将門の時代にもいないではなかったが、今日われわれが考えるようなものとすこし違っていた。少年期の将門は、「滝口武士《たきぐちのぶし》」として京都にいた。天皇の私的な領域「内裏《だいり》」を警護する武官である。滝口武士は、天皇の軍隊を構成するために創設されたという説もある。おそらくそうであろう。

それまでの兵制は、他国との戦争を前提に成り立っていた。まず中国・朝鮮との戦争があり、中国風の軍隊が作られた。それが白村江《はくすきのえ》で大敗したあと、懸命の外交努力が実を結び、中国・朝鮮との緊張関係が緩和されることになった。海の向こうのような先進的な軍隊と交戦する可能性が大幅に減ったことで、蝦夷《えぞ》との戦争に基点を置き直していく。

蝦夷の軍勢は、中国や朝鮮と違い、大量の兵士を動員するものではない。少数あるいは中規模の武人が、一撃離脱の戦術を視野に入れた柔軟な戦い方を挑んでくるものである。そうすると、大陸的な用兵や戦術が通用しなくなってくる。そこで日本は、中央集権的な人数と制度にものを言わせた兵制を捨てて、地方で力を持つ富豪層をメインとするする健《こん》児《でい》制に切り替えていくことになる。中央からは「武夫《もののふ》」、地域においては「兵《つわもの》」と呼ばれたサムライの前身となる「有閑弓騎《ゆうかんきゅうき》」(24)である。

金と時間がありあまっているので、私財で武芸と武装に力を入れ、地元でブイブイ言わせる荒っぽい連中が正規軍の仲間として認められていったのである。

しかし、弊害も大きい。彼らは「我々は公認された兵の一員」とばかりに、地方で一層大きな力を持ち始める。中央貴族や京都から派遣された国司《こくし》と結託して、好き放題に収奪を好む者が増えて「群盗」や「海賊」の様相を呈していくのである。中央はこんな弓馬にだけ秀でた連中と、それを擁する無法者の懐柔に手を焼きながら、打開策を考えた。礼の思想を持った戦闘員を天皇のお膝元で育成して、六位《ろくい》以上の「士」である武人すなわち「武士」を創設しようとしたのだ。ところがその先駆者的な存在になるはずだった若き将門が、正式な「軍事貴族」の一員となる前に、地方在住の父が急死して地元の所領を守るため、関東に戻らなくてはならなくなってしまう。

それでクロスボウと将門に何の関係があるのかと思う人がいるかもしれないが、ここからが本番だ。

日本ではクロスボウの私有が禁じられていた

この時代の日本では、クロスボウという兵器は、私有化が禁じられていた。

これは中国でも同じで、唐律《とうりつ》に「私有禁兵器、謂甲弩矛矟具装」とあるように、それまで民間に広く行き渡っていたと思われる鎧《よろい》・弩《ど》・矛《ほこ》・矟《さく》・騎《き》兵《へい》防具の装備が認められなくなった。弩の私有が正式に禁止されたのだ。日本で言うと豊臣秀吉《とよとみのひでよし》の刀狩りのようなもので、日本が律令制で中国風の兵制を継受《けいじゅ》（つまりは模倣）して「およそ私の家においては、軍用の鼓鉦《こしょう》・弩・鉾《ほこ》・騎兵の防具、竹木や皮の角笛《つのぶえ》・銅製の角笛および戦の旗《はた》を所持していてはいけない。ただし楽器としての鼓は例外とする」[25]と定めた時、二番目に名前が出されて私有禁止が記される弩は、まだ国内にまったく普及していなかったので、自動的に国家が独占する兵器となったのである。なお、剣と弓は普通に誰もが持っていたので、律令制では禁止されなかった。当時の日本に、既存の民間兵器を禁止して、それを収公する力はなかったのである。

それで、まだ二〇歳前後の将門が、下総国豊田《しもうさのくにとよだ》の地（茨城県）に帰郷すると、「将門の亡父が管理していた製鉄炉《せいてつろ》を相続するのは危険だ」と将門の遺領相続に反対するおじたちと、その敵対勢力がいがみ合った。(26) 将門も、亡父の遺領はおじたちではなく、自分が管理すべきだと唱えて、後者の陣営と共に立った。ごく普通の判断であるはずだが、これが日本の未来を決める大きな問題になろうとは誰にも予想できていなかった。

少年時代の将門は、天皇のお膝元で、地方の「武夫」や「兵」を後ろ盾に収奪を行なう豪族を抑止する目的で創設された「滝口武士」の一員だった。礼節や順法の意識はとても高い。力と名がルールの地方豪族にすれば、鼻につくところもあっただろう。

将門を襲った武夫たちの無法

そこで将門に、地方には地方の礼儀と法律があるのを教えてやろうとばかりに、おじたちの一味である坂東嵯峨《さが》源氏の有力武夫・源 護《みなもとのまもる》らが仲間たちを集めて、将門を脅迫しようとした。それだけなら、よくある私的な抗争である。武夫同士が集まって、「合戦」と称する〝喧嘩〟をすることは当時よくあった。これらは相手の撃滅が目的ではなく、昭和の番長が不良を集めて勝負するような感覚で行なわれた。武夫たちは後世のサムライと違って一所懸命（小さな土地でも命がけで奪い、守ろうとすること）でも何でもない。

例えば、将門陣営にいた平良文《よしふみ》という人は、若い頃に近くの武夫と合戦になって、「お互いに無益な殺生は望むところではないはずだ」と騎射による一騎討ちを挑み、その腕前を見せ合った。すると互いの弓矢の鋭さに、どちらも驚嘆した。そこで彼らは怪我人が出る前に「いい腕だ」と互いの技量を褒め称えて、兵たちを解散させた。将門が現れる前の合戦は、中世武士の合戦と違い、その道の凄さを競う一面があったのだ。

ところが、将門を取り囲んだ一団は違っていた。

彼らが「旗を靡《なび》かせ、鉦《かね》を打っていた」ことが『将門記』に記されている。これを見た将門は苦しい顔色で進退に迷ったことも伝えられている。この頃の状況を見ると、将門は不仲な領主と話し合いするため、手勢を連れて交渉相手のもとに向かっていた。ところが彼らは将門を脅して言うことを聞かせるため、法律で禁止されている官制の兵器を勝手に持ち出していたのである。

滝口武士出身の将門にすれば、絶対に許せない所業だ。だが、もし彼らと事を交えたら、自分のおじたちと抗争することになる。将門の愛妻は、おじの娘でもあった。できれば、事を荒げたくはない。しかし、このまま黙って引き上げたら、関東における将門の名は地に落ちる。人縁《じんえん》と地縁《ちえん》が全ての地方で面目を失えば、その一生は負け犬も同然になってしまう。だから将門は進むことも退くこともできずに迷ったのだ。

将門の決断

だが、時間は待ってくれない。将門は手勢と共に弓矢を構えて、敵軍を次々と射殺し始めた。敵軍は、まさかの反撃に驚き慌てた。脅迫すればいいと高を括り、戦闘するつもりなど微塵もなかったのだ。このため、将門は一方的に圧勝した。無法を許さない、その一念が将門を立たせたのである。

その後、将門の敵たちは、その行ないを朝廷に訴え出たが、朝廷の贔屓《ひいき》裁定もあったものか、将門はほとんど何の処罰も受けずに解放された。ここから関東での抗争がまた激しくなっていくのだが、本題と外れるので、その話は他稿に譲ろう。

その後、不幸にも将門は朝廷から見放されて、関東の住民たちと決起する。新皇を名乗り、朝廷から追討対象とされてしまうのだ。

将門を討ったのは、中央の武官ではなく、関東現地の武夫たちだった。朝廷は、「将門を倒した者を貴族にする」と宣言していたので、彼らは貴族になった。しかも彼らは将門の人気の高さを恐れて、募兵時に「味方になったら、いい待遇を約束する」と釣ったらしく、その仲間たちも国司のもとで就職したようだ。

こうして武夫は武士になった

将門追討で、恩賞にありついた軍事貴族とその部下たちは、それまでの群盗ぶりなど忘れたかのように、「われわれは悪い王をやっつけた正義の武人である」と胸を張り、その子孫たちも戦場で「我こそはあの将門を倒した〇〇様より数えて何代目の某でござる」と名乗りを挙げて、その出自を誇っていく[27]。

こうして武夫（在野の武人）は、武士（王属の武人）になったのである。「滝口武士」は当初の予定通りにいかなかったが、ある意味ではその魂を、新たな武士たちが継承した。ところで「武士」という字句に馴染まない「もののふ」の発音がこれに付されるようになったのも、「武夫（武人や武器［＝もの］の［＝の］使い手である男たち［＝ふ］）」が起源だからだろう[28]。以後、「武夫」の二文字は死後となり、サムライたちは「武士《もののふ》」を名乗っていくのである。

このように私兵だった者たちが、突然、王朝軍になったことで、もともと一部の役人だけが管理していたクロスボウは余計に使われなくなった。それが「武士」のメインウェポンを、民間で許されていた刀剣と弓矢に落ち着かせる要因となったのだろう。

古代日本の法律が忘れられるまで、鑓《やり》や鉾《ほこ》の類である長柄《ながえ》の武器および馬鎧《うまよろい》は、武士たちに顧みられなかったし、日本に中国風の旗が定着しなかったのもこのためだと私は思う。朝廷から軍事と治安維持の任務をアウトソーシングした民間の武装勢力である武士たちは武装を避けた結果、クロスボウや軍旗の使用を避けて、合法的な道具である弓矢・鑓・法螺貝・馬印《うまじるし》・指物《さしもの》・小旗《こはた》（地方ごとで呼び名が相違するものも。「軍鼓」「軍旗」という公的名称は使われなかった）などといった紛《まが》いもの——もとい、半公半民の戦士らしい装備品でその身を飾ったのである。

一五六〇年

【徳川家康×桶狭間合戦】

ド派手な見た目で兵粮を輸送する
——松平元康は真っ赤な武者装束だった？

戦国の世を終わらせた英傑のひとり。徳川家康——。

青年期の家康は、今川義元が期待する将来有望な若武者として育成され、桶狭間合戦では物資の輸送を任された。

ここでは義元から家康に対する期待度の一端を示す記録に注目したい。

大高城跡の碑

やるべし家康

永禄三年（一五六〇）の尾張桶狭間《おわりおけはざま》合戦で、徳川家康《いえやす》（当時は松平元康《もとやす》。以後、徳川家康の表記で通す）は兵粮の輸送役を担当した。目標は今川に属する尾張大高《おおだか》城。家康、一九歳の時のことである。

大高城に物資を運ぶのはかなりの重要任務で、失敗すれば、より大きな作戦そのものが破綻しかねない。

物資の輸送に失敗するとどうなるか？

例えば、天正二年（一五七四）、下総の羽生《はにゅう》城が相模《さがみ》の北条軍に攻められた。羽生城を守る木戸《きど》忠朝《ただとも》は越後・上杉謙信の味方である。

謙信はこれを救援するため関東に越山して、利根川《とねがわ》向こうの城内に兵粮の輸送を試みた。だが、かねてからの大雨で増水している利根川のため、物資は「兵糧一粒」すら運び込めず押し流されてしまった。

謙信はこの失敗を「ばかもの」のすることだと猛省した。[29] 結局、羽生城は破却することになり、近くの関宿《せきやど》城まで北条軍の手に落ちた。

現地は地形の変化が激しいため、当時の環境を想像するのは難しいが、利根川・渡良瀬《わたらせ》川《がわ》・常陸川《ひたちかわ》が近くを流れる関宿城は、北条氏康《うじやす》が「一国を被為取候ニも、不可替候[30]」（この城の価値は一国にも変えがたい）と評したほどの重要拠点で、その喪失は本当に痛恨事だったのだろう。

大高城の重要性は推し量りがたいが、それでも大軍を率いて近くまで布陣してきた駿河《するが》の太守・今川義元《よしもと》にとって失敗の許されない重大事だったはずだ。

そこに器量の浅い木偶ノ坊《でくのぼう》を抜擢することはありえない。家康もこれを支える三河将士も、練度と士気の高い精鋭と認識されていたと考えられよう。

この時の家康に「どうする」の四文字があろうはずもない。「やるべし」の覚悟であった。

徳川家康はド派手な鎧を着ていた？

この時、家康は「金陀美《きんだみ》具足」を着用していたという伝承がある。[31] 金ピカのド派手な甲冑だ。ＮＨＫ大河ドラマ『どうする家康』では今川義元が家康を厚遇する証として下されるという演出がなされた。ただ実際は戦国期ではなく、近世に作られた甲冑だという説もある。本当は家康晩年の甲冑かもしれない。

兵粮を運び込むのにこんなド派手な格好をするのは不自然だという声もある。できれば敵の目を引かない方がいいからだ。このためドラマの登場人物が、飾っておくための甲冑ではないかと疑問を抱くシーンもある。

だが、文献史料を見ると、意外にも家康が大河ドラマの描写に劣ることなく、かなりド派手であった様子が記されている。『信長公記』首巻（天理本）の描写を見てみよう。

【意訳】

今回、家康は朱武者《あかむしゃ》の格好で先駆けなされ、大高城へ兵粮を入れ、鷲津《わしづ》・丸根《まるね》を相手に手を焼き、お疲れになったので、人馬《じんば》を休ませるため大高城に陣を置いた。

【原文】

家康、今度朱武者にて被成先懸、大高（城）へ兵粮入、鷲津（砦）・丸根（砦）にて手を砕、被成御辛労たるに依而、人馬休息ヲ大高ニ居陣候也、朱武者とあることから、三河の徳川家康は真っ赤な武者姿だったと想像するのが適切だろう。家康元服の際、今川義元から贈られた紅糸威腹巻《くれないいとおどしはらまき》（静岡浅間神社蔵）のような武装に身を包んでいたのではないか。

属下領主の宿命

大高城にあった今川家臣の鵜殿長照《うどのながてる》は、家康の到着を喜び、その守りを任せたという。家康は敵味方に目立つ姿で堂々と兵粮の輸送と、これを脅かす鷲津・丸根の両砦への攻撃を行なった。

これは先の文章解釈によっては、別々に行なわれたようにも見えるかもしれないが、両方を一度に行なったようにも見える。朱武者姿の家康は、鷲津・丸根を相手に「誰よりも派手な血飛沫《ちしぶき》を見せてやるぜ」とばかりに攻撃してその動きを封じ込め、家康配下の地味な別働隊が大高城へ兵粮を運び込んだのではないか。

この戦いで家康たち今川軍は丸根砦の佐久間盛重《さくまもりしげ》を討ち取る戦果を挙げたが、自軍の人馬もひどく傷ついた。家康も返り血で鎧の色がより鮮烈になったのではないか。すでに矢弾も足りなかっただろう。具足の修繕も必要であっただろう。ゆえに三河衆は、これからが正念場という状況で大高城での休息が許されたのである(32)。

家康は輸送と攻撃を同時に行なうという普通の陽動《ようどう》作戦をセオリー通りに行なってこれを成功させたものと考えられる。そこに求められたのは知略や武技の腕前ではなく、こういう当たり前のことをやるための犠牲を厭わない奉仕精神であろう。

これは最前線の国境を預かる属下《ぞっか》領主の宿命でもある。

家康は義元の御一家《ごいっか》衆に数えられるとはいえ、駿河から遠い辺境を領する若殿様のひとりにすぎない。先駆けといえば聞こえはいいが、その役目はなかば鉄砲弾《てっぽうだま》である。

家康も現在の我々が神として高く評価するのを見たら、若き日の自分を指差し、「(その時の)俺に才能なんてもんがあるように見えるか」と苦笑いするだろう。ド派手な見た目に、地味な働き——それが家康に期待された仕事であった。

厭離穢土欣求浄土への道が開く

だが、これが家康に幸いした。

懸命に戦い、自身の任務を達成して休息を取れたことにより、命拾いをしたのである。

家康たちが大高城で一息ついている間、突発的な豪雨が大地を打ちつけた。それは沓掛方面で大きな樹木が倒れるほどの暴風雨だった。雨雲が消えると、義元のいる桶狭間山でド派手な喧騒が鳴り響く。

総大将・義元が、尾張の織田信長の急襲を受けて、戦死したのだ。

続々と撤退する今川軍を傍目に、家康率いる三河衆は呆然としただろう。その傍らに先々を見通せる軍師がいたら、ニヤニヤしながら「ご運が開けましたな」と余計な一言を囁いたかもしれない。

だが家康は、家臣たちから大高城からの撤退を勧められながらも、真偽が確かめられていないのに、城を捨てて駿府まで逃げ帰れようかと抵抗した。もし駿府で義元が健在であったら、「二度（と）義元に面をむけられん」ではないかと言い返したのだ[33]。

家康は大高城に籠り、様子を見ることにした。その時、義元の首はすでに胴体から離れていた。やがて織田方で家康の伯父にあたる水野《みずの》信元《のぶもと》が、城を開いて撤退するよう勧告してきた。家康はついに事実を受け入れ、本来自分たちが拠るべき松平氏本貫の三河岡崎《おかざき》城へと移動した。

これより家康のみならず、日本の未来が大きく動いていくのである。

一五六〇年

【織田信長×桶狭間合戦】

運は天にあり、突然の豪雨が覆した敗者と勝者

――今川義元の決定的敗因

織田信長の合戦は、意外と運任せに見えるものが多い。

しかし目の前に転がり込んできた運を摑むには、それを見極める眼力とこれを握りしめて離さない腕力が必要だ。

この時の信長にはそれがあった。

ここでは信長と天下のその後を決定づけた桶狭間合戦に注目してみる。

狩野永徳作の織田信長肖像画
（東京大学史料編纂所蔵模写）

桶狭間直前の豪雨

桶狭間合戦は、合戦時に雨が降ったことで有名である。合戦の様子を伝える史料でもっとも信頼できるとされる『信長公記』首巻（天理本）においても、次のように記されている。

【意訳】

（織田信長が今川義元の本陣がある）桶狭間山の間近まで接近して、これから攻撃するところにいきなり大雨が降り、義元隊はこの投げ打つような強い雨を顔面に受け、味方（織田信長隊）は背中にこれを受けた。沓懸《くつかけ》の峠に生えていた二抱えも三抱えもありそうな楠《くすのき》の木が西からの豪雨で東に倒れた。

【原文】

山際まで懸かれ候処ニ、俄《にわか》大雨、石氷を投打様ニ、敵の輔《ツラ》に打付て、身方ハ後ノ方へ降懸ル、沓懸之到下のふたかひ・三かひの楠之木、雨ノ東へ降倒ル、

この一文には、かなりの情報量がある。桶狭間山に布陣する今川義元は、西に向かって布陣していた。徳川家康が大高城に兵粮を運び入れたことを知り、悦に浸っていたことであろう。

だが、織田信長はそこへ密かに近づいたようだ。そこへ突然の豪雨が降りかかった。しかも単なる豪雨ではなく、巨木を打ち倒すほどの勢いであった。

戦国時代の戦場でこのようなことがあったらどうなるか。

まず鉄炮はずぶ濡れで使えなくなるだろう。義元は高い地形に布陣していた。防御の柵や盾も立ち並べていたであろう。現在、桶狭間古戦場跡とされる高地はなだらかで、大海から怪獣が現れる時の噴水みたいに急に高くなってはいない。

幸運なしには勝てなかった信長

もしこの豪雨がなければ、見張りは視界がよく届いており、ここに信長の兵が乗り込も

うとしてもすぐに発見したであろう。そして少しでも高い位置にいれば、弓と鉄炮で易々《やすやす》と応戦できたはずである。

初期の信長の作戦は、敵が攻めてきたら引いて、油断したら攻めるというものであったので、それで長期戦を仕掛ける構えでいたようである。あるいは何らかの秘策があったかもしれない。

ところが、この豪雨が義元本陣の防御力を一〇〇点から〇点に低下させた。見張りにいた兵たちも何人かは、豪雨により飛ばされた武具や備品の回収に動き始めただろう。怪我人もいたに違いない。安全地帯のはずなので、甲冑を着用していない者も少なくなかったと想像する。特に義元の側にある者たちは、何か異変があっても見張りの報告があってから着用すればいいからだ。

中世の武装は重量があるので、いざという時まで使わないのが普通であった。しかし空が晴れたところで、信長が猛然と襲いかかった。『信長公記』に言う。

【意訳】

（織田信長は）空が晴れるのを御覧になり、鑓を取って、大音声《だいおんじょう》を上げ、「よしっ、懸かれ、懸かれ！」と仰られ、（今川義元本陣は、信長隊が）黒煙《こくえん》を立て懸かるのを見て、まるで水が流れるように後方へ崩れてしまった。

【原文】

空晴ルを御覧し、鑓をおつ取て、大音声を上テ、「すハかゝれ、かかれ」と被仰、黒煙を立て懸るを見て、水をまくるかことく後へくハつと崩れたり、

またとないというタイミングを見極めるのが絶妙であった。これより少し早くても遅くても信長の勝てる戦いとはならなかったかもしれない。

今川軍は驚いて、信長の鑓が届く前に総崩れとなった。

鉄炮が使えなかったのは、今川軍が「弓・鑓・太刀・長刀・のほり（幟）・さし物ハ、算ヲ乱すにことなら（異）(34)」ずと、武具を捨てて逃げる様子で、一顧だにされていない描写からも読み取れる。

そして彼らは接近専用の装備品すら使おうとせず、寡兵の信長に蹂躙《じゅうりん》されてしまったのである。

最後まで義元を守ろうとしたのは直属兵「五十騎」より少しあるばかりであった。

今川義元の判断ミスと一変する東国情勢

そこへ信長の兵「三百騎」が接近する。もはや勝負はついた。

義元の撤退は成功せず、毛利新介《しんすけ》がその首を討ち取った。

ちなみに桶狭間の交戦が開始されると同時に「義元ノぬり輿《こし》も捨て、くつれ逃けり」という有様になったことが記されており、その高い格式を守りながら義元を警護する意思も失われてしまったことがわかる。

もう少し想像するなら、義元は信長の襲撃を感じ取って、すぐさま輿に乗ったにもかかわらず、そのまま置き去りにされたのかもしれない。ここで馬を使って味方を見捨てて逃げてしまえば、命を失うこともなかっただろう。

思わぬ天運、信長即座の英断、そして義元の判断ミス、これらどれかひとつでも欠けていたら義元は討たれなかっただろう。

ここに全ての運命が急変する。

もっとも驚いたのは、同盟国の武田信玄と北条氏康であっただろう。彼らは地に手をつかんばかりに不安を覚えたのではなかろうか。

桶狭間からほどなくして、越後の上杉謙信が本格的に関東へ乱入し、武田信玄《しんげん》と北条氏康を相手に大戦争を開始する。第一次越相大戦である。

今川軍の援軍もあったが、それでも彼らは苦戦を余儀なくされた。

義元の死は、盟友たちにとって、これ以上ないほどの凶兆だったのである。

一五六七年

【織田信長×印判】

《天下布武》は幕府再興と関係なし！

——印判の字句はスローガンではない

ここでは戦国大名の印判にある文字の意味を考える。

近年の研究は、織田信長の《天下布武》を畿内に幕府の政権を取り戻すという意味があったと主張する傾向が強い。

だが、最新の説で、理屈も通っているようだからと安易にこれを信じていいのかを問い直す。

《天下布武》印判（国立国会図書館所蔵『集古十種』所収）

《天下布武》の意味を再検証

織田信長の印判《いんばん》《天下布武《てんかふぶ》》の解釈が揺れている。

これまでこの印判は「天下に武《ぶ》を布《し》く」と読まれ、「日本を武力で統一する意思表示だ」と評価されてきた。この解釈は、古くから無理のない読み方とされ、ほとんど定説同然に受け入れられてきた。

例えば、徳川時代の軍記『北越軍談』巻第三がある。ここでは若き日の長尾景虎《かげとら》（上杉謙信）が家来に向かい、「我等宥志《われらゆうし》の如きは、一世に中英武を天下に布護《ホドコ》し、越中・加賀・能登《のと》・越前の蓁薺《しんぜい》（草むら）を芟《かえり》て（刈り取って）功臣に割与《わりあた》へ」と宣言する描写がある。「天下に武を布く」という文字の並びは、徳川時代にも無理のない言葉として受け入れられていたのである。

だが、従来説だとおかしいことがある。信長はこの《天下布武》の印判を、上杉輝虎や小早川隆景など、ほかの群雄への書状にも使っているのだ。これだと受け取った大名が「俺の縄張りも武力で制圧するつもりなのか」と警戒する恐れがある。

ならば、本当はどうなのかと多くの識者が頭を悩ませてきた。そこからひとつ有力な説が生まれた。「《天下布武》とは、信長が五畿内（天下）に幕府を再興する（布武）という表明だ」という新解釈である。これは現在、学界を中心に大きな支持を集めており、半ば定説の位置に落ち着きつつあると言ってよい。

《天下布武》の天下とは？

ところでその「天下」を「五畿内」（山城《やましろ》・河内《かわち》・和泉《いずみ》・摂津《せっつ》・大和《やまと》の首都圏諸国）とする根拠はなんだろうか。

実例を出して説明しよう。永禄九年（一五六六）五月九日付の上杉輝虎願文がある。これには「留守中の分国を気にすることなく、天下へ上洛せしめ」(35)と、「分国（自分の勢力圏）」と「天下（京都）」を別の概念として使い分けている。

これらから信長の「天下」もまた都を中心とする地域（「天下」）に足利幕府（「武」）を再興する（「布」く）想いを込めて、《天下布武》の言葉を選んだのだという解釈が成り立つことになったのだ。

ちなみに信長が《天下布武》の印判を使い始めたのは、永禄一〇年（一五六七）の一一月である。そして、越前にいた足利義昭から「京都を制圧して、予を将軍にしてもらいたい」と打診されたのは翌年六月である。信長が《天下布武》の四文字に魅かれ、これを印判にしようと考えた時期と、義昭の将軍就任に貢献しようと志した時期は、そこそこ近いと考えられる。

おりしも《天下布武》の再検証が熱を帯びていた頃、歴史研究界では、信長の人物像が〝時代の革命児〟から〝中世の保守派〟へと変わりつつあり、さらに〝はじめ信長は幕府再興に命がけで尽力していた〟という評価が定着するようになって、そこから印判の解釈が劇的に変わったのだ。

ここで冷静に考え直してみよう。従来説に疑問が提示されている最中に、信長の評価が変わったことから、「信長は幕府再興を考えていた」＋「天下とは五畿内だ」＝「だから《天下布武》は、幕府再興を意味するスローガンだったのだ」と情報をつなぎ合わせて、新解釈が生み出された。

だが、この解釈では解決されない初歩的な問題が、まだいくつか残っているように思える。試しに四点ばかりその疑問を挙げさせてもらうと、①天下の意味、②布武の意味、③

信長の息子たちが使っていた《一剣平天下》および《威加海内》という印判との整合性、そして④戦国大名の印判意識の問題がある。

これらを焦点に、それぞれの疑問と、それに対する私の見解を述べていこう。

①天下の意味

まず当時の「天下」という言葉の意味である。先に見た通り、輝虎の願文でも天下は「上洛」という言葉と結合されていて、明らかに京都の意味で使われている。

ルイス・フロイスも一六世紀の書簡で、「天下、すなわち都に隣接する諸国からなる君主国」という表現を使っており、やはり天下は京都や五畿内を意識する使われ方がされている。ただ、一七世紀のポルトガル宣教師による『日葡《にっぽ》辞書』[36]（一六〇三年）では、「Tenca．テンカ（天下）」を「君主の権、または、国家」としており、京都や五畿内との関係を切り離している。当時の日本は、全国に「君主（大名）」がいて、それぞれ個別の「国家（分国）」を統治していた。だからこの辞書の言葉に従うなら、有力な群雄の数だけ「天下」があったことになりかねない。

さて、ここから別の史料も引用しよう。一五世紀末に、下総西願寺《さいがんじ》（千葉県市原市）で阿弥陀堂が造営された際、その堂内に「鎌倉の住人二郎三郎殿」[37]の職人ぶりを「天下の名人」[38]と銘記する墨書《ぼくしょ》が挿入された。明応四年（一四九五）七月五日のことである。ここに戦国初期の関東で、関東の「天下」が認識されていた様子を読み取れる。

それから半世紀後の天文一六年（一五四七）に、甲斐の武田信玄が分国法『甲州法度之次第』全五五条を定めた。その第二〇条目に「天下は戦国の世である以上、何を置いても武具を備えることが重要である」[39]の一文がある。

そして、信長の最盛期にあたる天正六年（一五七八）五月の吉川元長自筆書状に、「鹿介（＝山中幸盛）当世のはやり物を仕候、只今こそ正真之天下無双ニ候、無申事候」と播磨で奮闘した山中幸盛を「天下無双」と高評する一文がある。

これらの「天下」は、いずれも京都や五畿内ではなく、日本全国またはその地域の意味で使われている。

このように「天下」という言葉が「日本全国」（または発信者のいる地域）という意味にも「畿内」という意味にも使われていることは比較的よく知られている事実である。

現在の新説を提唱する論者たちはこの点を理解しているが、これを受容する側の認識が充分に思えない時がある。ここに「天下は日本の意味ではなく、京都または五畿内のことである」と確言できないことを再確認してもらいたい。
ついで、②に移るとしよう。

②布武の意味

信長印判の「布武」という言葉は、日本語ではない。言い直すなら、日本人がひと目見て、すぐに意味を解する言葉として使われた形跡がない。信長がこれを使う以前に、使用された例が見出されていないのだ。では、「布武」なる言葉はどこから生み出されたのだろうか。

川口素生《すなお》氏の『戦国時代なるほど事典』（ＰＨＰ文庫、二〇〇一）によれば、中国の古典『礼記《らいき》』に《堂下布武》という字句があり、これは「堂下を、布をまたぐ程度の歩幅で進む」というニュアンスの言葉であることが指摘されている。ここでいう「布武」は、武力や幕府とまったく関係がなく、「布をまたぐ」というぐらいの意味で、従来説・新解釈のどちらにも一致しない。

だが、信長の《天下布武》と一文字違いの言葉であることは注目すべきである。しかも『礼記』は当時の禅僧にとっては必読常識の古典で、信長は禅僧の意見にしたがって《天下布武》の印判を定めたという所伝もあることから、この印判はここから考案された可能性があることを留意されたい。

織田信孝印判（東京大学史料編纂所編『大日本史料』第十一巻之四を改変）

③威加海内と一剣平天下の印判

三番目に信長の次男・織田信雄《のぶかつ》と三男・信《のぶ》孝《たか》の印判を見てみよう。信雄はその印判に、《威加海内《いかかいだい》》を、信孝は《一剣平天下《いっけんへいてんか》》を刻み込んでいる。どちらも中国の古典に見える言葉で、その字句の通り、「国内に威を示す」「一振りの剣で天下を平らげる」という意味である。これらは従来説の《天下布武》＝日本全国を武力で統一する(日本中に武威を示す)とほぼ同義と考えていい。息子たちの印判は、従来説の補強材料、かつ新解釈の否定材料となりえるのである。

これと矛盾しない解釈もないわけではない。「信長の《天下布武》は、はじめ『畿内に幕府を再興する』という意味だった。それが将軍と対立してしまい、幕府を自ら滅ぼしてしまったことから『日本全国の武力統一』に変容したのだ」という捉え方だ。言うなれば、新解釈と従来説が結合した読み方である。

一見合理的に思えるかもしれないが、これも違うと思う。

そろそろ最後の問題④に向き合ってもらおう。

④戦国大名の印判意識

そもそもの話をしよう。腹を立てないで聞いてほしいが、「みんな信長の印判の意味を、そこまで深刻に考えてどうするの？」と思っている。

どういうことか、簡単に説明しよう。

まず信長時代における戦国大名の印判をよく見渡してほしい。そこに自分の政治目的または公約をはっきりと言葉にして書き記した大名が、ひとりでもいるだろうか？　私は思い浮かばない。

北条氏康・氏政・氏直は、その虎印判に《禄寿応穏《ろくじゅおうおん》》の四文字を使った。この印文は特に実証的説明のないまま、なんとなく「民の財（禄）と寿（命）が応《まさ》に穏やかになる政治を行なう」という済世愛民の宣言の意味で解釈されている。しかしこれは古典にある言葉でもなく、禄の意味も天上から下される恵のことで[40]、民の財とは関係のない語である。通説はあくまで希望的仮託に過ぎないだろう。

思うにこれは福禄寿《ふくろくじゅ》（道教の神）に因む「縁起を祝う文字」を刻んだもの[41]で、現世御利益的な験担《げんかつ》ぎの願いを込めているものではないだろうか。少なくとも具体的な政治の公約を掲げて宣言しているとは思われない。

また氏康と同盟する今川義元は、《義元《ぎげん》》と《如律令《にょりつりょう》》（律令のようにやりますの意味）の印判を使った。会津の蘆名止々斎（盛氏）は《止々斎《ししさい》》の判子を使用した。新しい造語で運動方針を宣言しようとはしていない。

また武田信玄に至っては、龍のイラストだけを象《かたど》る円形の印判で、そこには文字すら刻んでいない。完全にデザインの美しさのみに徹している。上杉謙信は軍神の名前を使うのが通例だった。

政治理念を明確に主張するものは見当たらない。戦国大名には、印判をそんなことに使

北条氏康印判
（国立国会図書館所蔵『集古十種』所収）

武田信玄印判
（国立国会図書館所蔵『集古十種』所収）

宇喜多秀家印判（国立国会図書館所蔵『集古十種』所収）

う発想自体なかったといっていいだろう。

天下人の関白・豊臣秀吉《とよとみのひでよし》は堂々と《豊臣》や《寿比南山[42]／関白／福如東海[43]》を、豊臣一門となり、秀吉から「豊臣」性を与えられた宇喜多秀家も《豊臣秀家》の印判を使っている。徳川家康は《源家康忠恕[44]》と、やはり理念ではなく、縁起を担ぐこと、心構えを伝えること、自分が何者であるかを宣ぶることを主眼に置いて字句を選んでいるようだ。

ここまで見てもらえれば、わかるだろう。戦国大名や天下人の印判は、政治思想や理念や公約を彫り込むような真似をしないのだ。それなのになぜ信長の印判だけ、そのように解釈するのだろうか。

考えるより感じよう

そろそろ私見による結論を出しておきたい。信長の《天下布武》は、信玄の龍朱印と同じく、カッコいいから選んだのだろう。おそらく禅僧あたりが「《**堂下布武**》という言葉があります。これはこれからの信長様の心構えを示すのに適切かと思われます」と提案して、信長は「ちょっと意味がわかりにくいな。どうせなら一文字変えて、《**天下布武**》にした方が見栄えがよくない？　ほら、天下を武力で制するみたいな感じでイカすだろ？　なッ……やっぱりこれだよな！」と、これを無茶苦茶に曲げ、日本語でも中国語でもない独自のデザインを作ったのだ。

これまで見てもらったように、印判にスローガンが刻まれることはない。原則、デザインが最優先である。だから帝王の象徴である龍を印判に使った信玄を「不遜だ」と咎める者は当時いなかったし、信長が「俺こそ世界最強」「罠でもいいんだッ!!」のTシャツを着る感覚で、《天下布武》の印判を使っていても、文句をつける者など現れなかったのだ。

先ほど私が「みんな信長の印判の意味を、そこまで深刻に考えてどうするの？」と述べた理由もこれでお分かりいただけたと思う。

信長の印判に、ありもしない意味を読み出そうと試みるのは、信長の軍旗に永楽銭が描かれているのを見て、「信長は重商主義で、この旗により自らの行政思想を表した」と唱える論者と等質だろう。その真意は、論理的に考えれば考えるほどドツボにハマる。

たしかに当時の信長には幕府再興の志があった。しかしそんなものがなくてもこの印判を使っただろう。幕府と対立した後、例えば上杉輝虎に畿内を侵略され、領地が濃尾だけになっても、そのデザインを変えたりはしなかっただろう。

ちなみに織田家臣だった小笠原秀政も、信孝の《一剣平天下》を継承している。彼はもちろん天下取りなど望めない小領主で、最期は大坂の陣で家康を守り、討ち死した。もし印判がその人の政治方針を示すものだとしたら、こんな不相応な字句は選ばなかったはずだ。だが、秀政はこの字句を選び、当時の武家社会もこれを許した。印判のデザインは、カッコよさを基準に決めていいという価値観が普及していたからだろう。

考えるより感じるほうが真理に迫れることもあるものと思う。

一五七〇年

【足利義昭×姉川合戦】

総大将不在で決着がついた一大会戦
——計画通りに運ばない合戦

ここでは将軍・足利義昭が考えた近江挟撃作戦について見てみよう。

義昭は意外と武断派の一面があり、浅井長政の討伐は義昭が望んでいたことであった。

義昭は信長とともに近江へ入り、一大会戦を展開するつもりだったのだが、参戦することができなかった。

足利義昭（東京大学史料編纂所所蔵模写）

勇者・足利義昭

足利義昭というと弱々しいイメージを持つ人が多いと思う。また、信長の操り人形にされかかったというイメージも強い。

しかし義昭は、初期の頃から合戦に出ることがあり、しかも信長以外には勝利を重ねている。

有名なのは、本国寺《ほんごくじ》の変における六条合戦だろう。

永禄一二年（一五六九）正月四日、三好三人衆が一色《（斎藤）》龍興《たつおき》・長井道利《みちとし》らを糾合して、義昭の仮御所である京都の六条本国寺（日蓮宗寺院）を襲撃した。義昭を将軍に就けた織田信長は、美濃に帰国して不在だった。

将軍御所は兄の足利義輝が殺害される際に失われてしまっており、昨年将軍となったばかりの義昭には、籠城可能な拠点が寺院ぐらいしかなかったのだ。

義昭のもとへ、足軽衆や奉公衆など、畿内の諸勢が馳せ参じる。彼らは寺の外へ三好軍迎撃に出た。

本国寺の人数は二〇〇〇で、三好三人衆は一万以上であったという（『当代記』）。『言継卿記《ときつぐきょうき》』によると、将軍方は「武家御足軽衆以下廿余人討死」とあり、苦戦を強いられたようだ。

それでも何とか押し返した。同時代史料によると、この争いで将軍も自ら馬を駆り、三好三人衆に従う者たちをことごとく討ち捕ったという（『上越市史』六六六号文書）[45]。もちろん大多数は手の者が倒したのだろうが、それでも勇敢無比の将軍と言ってよいだろう。しかもこの戦いで義昭は、足利尊氏《たかうじ》愛用の甲冑を身につけていたという[46]。ロト装備で身を固める勇者もかくやとばかりに手勢をつれて、逆徒たちへ天罰を下し、敗北せしめたのである。

亡き兄に負けまいと名物の刀剣を握りしめ、勇戦したに違いない。

この瞬間、足利義昭はまごうことなき勇者であった。

足利義昭主導の浅井討伐

ついで、姉川合戦である。

歴史に詳しい読者は「いや、この合戦に足利義昭は参加していないのでは？」と思われるかもしれない。

その通り、義昭はこの合戦そのものに参戦していない。

だが、関係は大アリなのだ。

ここでは佐藤圭氏の論文「姉川合戦に関する事実の史料的考察(47)」を参考としながら、順を追って説明しよう。

元亀《げんき》元年（一五七〇）四月二三日、元号は永禄から元亀に変わり、昨年九月から将軍義昭が朝廷に提案していた元号が実現した。義昭は「越前の朝倉義景《よしかげ》を討伐すべし」と考えて、諸大名を上洛させ、同年四月、信長を総大将として、若狭・越前へと乱入させた。兵数は三万ほどであったという。ただし義昭本人は京都に残っていた。

同月末頃、浅井長政の裏切りにより、信長は敗退する。金ヶ崎の退き口である。信長は大軍を越前に置き捨て、わずかばかりの供と一緒に京都まで撤退した。義昭の計画は長政のせいで失敗してしまったのだ。

五月二一日、岐阜《ぎふ》城に帰陣した信長は、近江に派遣された朝倉軍と長政を討伐するため、諸将に参戦を呼びかける。この軍事行動には義昭も出馬するつもりでいた。

義昭にすれば、朝倉討伐の計画をひっくり返し、忠臣・信長を苦境に立たせた長政だけは絶対に許しておけない。義昭は徳川家康にも支援を要請した。

これより信長は「元亀争乱」と呼ばれる大乱に巻き込まれていく。

池田家の内紛で織田信長との合流に失敗する

信長は六月一九日、岐阜城を出馬した。

予定では足利義昭も一八日に近江北部へ進軍することになっていた。

ところが信長は二一日、浅井長政の本拠地・小谷《おだに》城を攻めて激しい抗戦に遭い、翌日には弥高《やたか》寺のある山のふもと[48]へと後退した。現地は近江と美濃の国境付近である。

後退の一因は、義昭の進軍が遅延していたことにあるだろう。義昭方は一八日当日になっていきなり、「廿日(二〇日)に御進発」しなおしますと、進軍の延引を決定したのだ(元亀元年六月一八日付細川藤孝書状[49])。

ほとんど梯子《はしご》を外されたように孤軍と化した信長であるが、義昭にも事情があった。摂津池田《いけだ》家で内乱が起こったのである。反乱した者たちは反義昭派で、しかも三好三人衆がこれに呼応してすぐにも上洛する動きを見せていた(『言継卿記』六月一八日条)。義昭はこれを放置して近江に行くことはできない。

そこで二〇日、義昭は上野秀政《ひでまさ》・細川藤孝《ふじたか》・一色秀勝《ひでかつ》・織田信広《のぶひろ》ら「都合二千計」を連れて、池田家の内紛を鎮圧した。

不在の京都を奪われては、義輝以来の不名誉となり、義昭の求心力も地に堕ちることだろう。それゆえ将軍の近江出馬は先送りにされたのだ。それにしても速やかに反乱を鎮圧する手際のよさは歴代の将軍に劣るものではあるまい。過去には「お手紙将軍」などと揶揄《やゆ》されることの多かった義昭だが、自ら戦地に介入しようとするその勇気を認めなおしてもいいだろう。

一方、織田軍は幕府軍の助けがいつまでも来ないので、自分たちだけで近江北部の浅井長政を討伐しなければならなくなった。

将軍不在の姉川合戦

さて、足利義昭はもともと信長と共に近江へ入り、そこで堂々と朝倉・浅井連合軍を相手に一大会戦を展開するつもりであった。「浅井御退治」（元亀元年六月一七日付細川藤孝書状）(50)を望む義昭が西の京都から、信長は東の美濃から進み出て、浅井勢を挟撃する予定であり、かつまた決戦日を二八日と定めて、味方は当然のこと、浅井方にもちゃんと通告していたらしい。

本来ならここで大きな決戦が勃発するはずだった。義昭の采配で幕府軍が勝利すれば、足利幕府の再興は理想的な形で進んだかもしれない。だが義昭は、三好三人衆の動向を警戒して思うに動けず、結局信長と合流することができず、一方の信長も決戦予定日に朝倉・浅井と交戦せざるを得ない状況にあることを悟って、姉川合戦に挑んだ。

そして、予想以上の勝利を得て、後日「頸《くび》注文」をもってその戦果を将軍に伝えたのである。

これに義昭がどういう思いを抱いたのかはわからないが、公戦を代行した信長は誇らしい顔をしていただろう。しかし、この後比叡山焼き討ちや武田信玄の徳川領侵攻を機として、義昭は忠臣・信長を見限る決断をしてしまい、早々と自滅してしまうのである。

こうして義昭は勇者の美名を得るチャンスを逃したばかりか、その後の判断を誤って全てを失ってしまうのだった。

番外編②

日本に「城主」が生まれた時代——地主から城主への変貌

戦国時代は日本史上もっとも城が作られた時代である。

ゆえに城主の時代だともいえる。

それ以前から軍事拠点としての城はあったが、土地を管理する拠点として城の改築が進んだのは戦国時代前期からである。

ここでは、一時的な軍事施設が恒久的な政治施設へと変化する様子を見ていく。

城を拠点としていなかった平安武士

平安・鎌倉時代の武士たちは、戦国時代の武士と違うところがたくさんある。例えば鉄炮が伝来していないので、飛び道具は弓矢が基本である。何千何万の足軽や雑兵がおらず、当然ながら御貸《おか》し具足《ぐそく》や統一された衣装もない。縦長の背旗《せはた》もない。長柄の先に刃物をつ

けた長刀《なぎなた》（薙刀）はあっても、鑓《やり》は中世の中期まで使われた形跡がないのである。(51)

もちろんそれだけではない。彼ら平安武士は、戦国時代の豪族級武士（大名や国人）なら誰もが持っているはずの城というものを持っていない。上総介広常《かずさのすけひろつね》のように広大な土地を持つ者ですら、長期防衛に耐える作りの城郭を持ってはいなかったのだ（その居館を「城」と呼ぶ説もある）。

そもそも城というのは、軍事拠点である。万里の長城など、障害物で敵の軍事行動を妨害するものである。日本における城は、戦争が起きると、急拵《きゅうごしら》えで一時的に利用するため作られるものであった。それが中世後期の戦国時代になると、有力武士が恒常的に持つべき拠点となっていく。

では、日本の有力武士が当たり前に城主とされていったのは、いつからなのだろうか？

一五世紀から現れた城主という存在

一五世紀に入ると有力武士たちに変化の兆しが現れた。

まず武士たちのうち力のある者たちが城を持つようになっていったのだ。彼らは単なる「地主《じぬし》」「領主《りょうしゅ》」から「城主《じょうしゅ》」に変わっていく。

すると城の有無により、格差がよりはっきりと顕在化していく。そしてその中から城を持つ領主と、それらを束ねる戦国大名があらわれて、集権化が生じていく。

その背景を齋藤慎一氏の見解に倣いながら、具体的事象を見てみよう。[52]

享徳《きょうとく》三年（一四五四）、越後の有力武士・中条房資《なかじょうふさすけ》は、一〇二年前に廃城と化した「鶏《とっ》冠《さか》城を誘《こしら》え」た。「こしらえた」とは、過去の城を改築・再興する時に使う表現である。

房資はこれを子孫に伝え残すため、「中条秀叟《しゅうそう》記録」（三浦和田中条氏文書）という文書を作り、そこでこの城を「子孫において捨てるべからざるものなり」と定めた。それまでの城は臨時に「取立《とりたて》」（築城すること）て、使い捨てるのが一般的だった。だが、房資はそうではなく、恒常的に持ち続けるべきだと遺言したのだ。

【部分意訳】

この時（享徳三年［一四五四］）、私（＝中条房資）は鶏冠城（鶏郭城）を改築しました。この要害は城太郎資持《すけもち》の後、私の曽祖父である茂資《もちすけ》が籠城したことのあるものですが、それから一〇二年後の去年、この房資が再興したのです［享徳二年／癸酉］。わが子孫はこれを放棄することがないようにしなさい。

【原文】

［前略］此時誘鶏冠(鶏郭)城、彼要害者城太良(郎)資持(茂)之後曾祖父茂資為閇籠、其中間一百二年、今度房資再興スル者也、［享徳二／癸酉］於子孫不可捨者也［後略］

観応《かんのう》三年（一三五二）、越後でも観応の擾乱にともなう動乱があって、曽祖父の中条茂資が鶏冠城に籠城した。その一〇二年後、同城を房資が大々的に改築した。

この頃、房資は守護上杉房定《ふささだ》方の攻撃を受けて、後退を余儀なくされる苦い経験をしている。

もしその時、この地に城があれば後退はなかっただろう。そこで房資は、武家の当主たるもの城を使い捨ての有事専用とするのではなく、常用の施設として恒常的に保持すべきだとの思いを強めたのである。

城主が乱立する時代

これは中条房資ひとりの思いではなかった。あまり時代の変わらない寛正《かんしょう》七年（一四六六）、常陸《ひたち》の領主・真壁朝幹《まかべともとも》も自分の子孫に向けて、城の管理と維持を遺言している（秋田藩家蔵文書）。

【意訳】

私（＝真壁朝幹）の子孫たるものは、（私の菩提寺に）要害をしっかり構築しなさい。昼夜を問わず用心して、油断してはなりません。城郭をしっかり構築することが私への追善《ついぜん》となります。

【原文】

［前略］とも、としそんたるへく候ハヽ、ようかいをこしらへ、ようしんちゆうやともに、ゆたんあるへからす候、ようかいをこしらへ候ハん事、身のついせんと存へく候［後略］

朝幹は子息の尚幹《ひさもと》らに宛てて、城の管理と維持こそが大切だと強い調子で伝え残した。ここでも城を一時的に利用するのではなく、恒久的に管理することが必要だとする思想が認められる。

東国以外でも同様の声を見出すことができる。中国地方では小早川弘景《こばやかわひろかげ》が、嘉吉《かきつ》三年（一四四三）八月一二日付の遺言書の一部で城の管理と維持を言い残した（『小早川家文書』三五一号文書）。

【意訳】

私（＝小早川弘景）が遺す要害は、誰から何を言われても手放してはいけない。上様の言うことなら仕方ないが、そうでなければ月に五度ずつ多くの人夫を動員して改築させなさい。塀《へい》と櫓《やぐら》は四つとも、こうやって管理していきなさい。

【原文】

［前略］これのようかい、たれたれ申候共、はつされ候ましく候、もし上意なとはせひなく候、月に五たひつゝ、大人夫にてこしらへさせ被申へく候、辺《へ》いやくらハあたり四候、又もかやうにしはい有へく候、［後略］

ここでもやはり城の管理と維持が厳重に伝えられている。

戦国の有力武士たちは、土地を管理するには、城が必要不可欠だとの思いを固めた。この頃から「城主の時代」がやってきたといえよう。

城主になれる武士が、そうでない武士を支配する群雄争覇の戦国時代が訪れたのだ。こうして、「地主」「領主」の地位を守ろうとする有力武士たちは、本来一時的な防御拠点である城を作り、それを恒常的な拠点としていつまでも持ち続けるようにしたのである。

城が戦国時代の文化と社会を生んだ

そんな者たちがたくさん現れ、互いの動向を監視し続ける時代——それが戦国時代だったのだ。有力武士たちは城を誂え、子々孫々に至るまでこれを保ち続けなければならなくなった。

もちろん全ての有力武士が城を築いたわけではなく、居館の防御機能を高める者もいた。従来通りに一時的な城も作られ続けた。恒常的拠点としての城には、人夫や職人の宿泊する施設が必要になる。生活するための市場も必要になる。人が集まり、雇用が生まれ、城下町が形成されていく。こうして時代が社会を更新していく。

戦国時代が終わり、近世になって、「一国一城制」が採られたのも、城がもともとは軍事拠点だったからである。戦争を誘発する施設として一時的な城は破却されたが、政治と経済の中心地となった城だけは、一部残されることになった。

そこから今日、世間一般に認知される城は、恒常的な外観を残すものが大半となり、一時的な軍事拠点としての城はほとんど顧みられなくなった。

ともあれ、日本の武士は中世中期頃より、軍事拠点を一時的なものとするのではなく、子々孫々へと伝えるべき重要施設であると考え直すに至った。それだけ武力紛争が激化して、日本全土が「終わりなき戦場」へと化したからである。そしてそこから文化と社会が再構成され、戦国時代を戦国時代たらしめていったのである。

一五七〇年

【上杉謙信×椎名康胤】

戦国越中のフォークロア

――椎名軍、神保軍、越後軍、一向一揆のパワーゲーム

上杉謙信は関東・信濃における戦いばかりが有名で、越中侵攻は東国の合戦ほど注目されていない。

北陸に派手な戦国軍記が少ないこともあるのだが、まったく逸話がないというわけでもない。

ここでは謙信の越中侵攻から生じたフォークロアを紹介してみたい。

『上杉謙信并二臣像』(東京大学史料編纂所所蔵模写)

椎名康胤から家督を譲り受けていた謙信の身内

越中東部《えっちゅう》（富山県新川郡《にいかわ》）の椎名康胤《しいなやすたね》は越後守護代にして越中新川郡守護代である越後長尾家の代官役として、松倉城《まつくら》に在城していた。地生えの領主でもあり、現地に人縁が広がっていた。康胤にとって謙信は上位権力者にあたる。

謙信二度目および三度目の越中遠征があった永禄五年（一五六二）またはその近くの年に、康胤は謙信の身内である長尾小四郎景直《かげなお》を養子として迎え入れた。

この景直は永禄七年（一五六四）六月二七日付の上杉謙信（輝虎）願文写しにも「椎名事亡父以来申合与云、長尾小四郎（景直）養子成之」とあり、椎名一族は長尾為景時代からの縁があって、長尾小四郎景直を養子に送っていると謙信が書いているので、景直の養子入りは事実として認められる（『上杉家文書』四九七号文書）。

康胤としては、自身のライバルである越中西部の増山城《ますやま》主（もと富山城主）・神保長職《じんぼながもと》を越後勢が押さえ込むことも期待してこの関係を受け入れたのだろう。

謙信は康胤との結びつきを強くすることで、越中の情勢が落ち着くことを望んでいた。

永禄一一年（一五六八）三月、重臣たちによるクーデターで能登《のと》を放逐《ほうちく》された守護の畠山義続《よしつぐ》・義綱《よしつな》父子を支援するため、謙信は四度目の遠征を敢行するが、ここで越中において義続を支援する神保長職と協調することとなる。

だが、神保は椎名にとって長年の宿敵であった。康胤は、謙信が神保氏を第二次〜第三次越中遠征で滅ぼさなかったばかりか親密にするのが我慢ならなかった。せっかく神保よりも優位に立っていた康胤の立場が逆転する恐れもあった[53]。

さて、謙信が越中に進軍すると思わぬ事態が起こった。越後下郡《しもごおり》で、信玄と結んだ本庄《ほんじょう》繁長《しげなが》が挙兵したのだ。謙信は同年四月に帰国を急いだ。

しかも信玄は「近年椎名肥前守（康胤）ト無二ノ好《よし》ミヲ修シ」ていたと『謙信公御年譜』に伝わるように、椎名康胤に調略の手を伸ばしていた。謙信の帰国をチャンスと見たものか、神保長職が加賀一向一揆勢と不仲であることを視野に入れ、大坂本願寺の顕如《けんにょ》と通じ、敵方へ転じてしまったのだ。八月一二日申刻（午後四時頃）に「越中無二に色立つ」との様子を春日山城で知らされた謙信は、東を本庄繁長に、西を椎名康胤に、南を武田信玄に囲まれ、「如《い》何共《かんとも》人数無く」という人手不足に陥った。謙信はひとまず、越中・信濃方面の防備から固めておくよう指示を発した（『上越市史』六一二号文書）。

ちなみに康胤の養子に入っていた景直は、本国防衛のため越後へ帰国したとされている。

翌年（一五六九）八月、謙信は五度目の越中遠征を行ない、椎名討伐を決意する。康胤は難攻不落の松倉城に立て籠るなり、城下町の金山根小屋《ねごや》を焼き払う焦土戦術を行なった。上杉軍が城攻めに利用するのを避けるためであった。これにより松倉城は「巣城《すじょう》」以外の全てを失ったが、それでも堅固に一〇〇日間持ち堪えた。


なお、謙信はこの陣中でこれまで交流こそあれ、特別な関係になかった徳川家康からの「使僧」を迎え入れ、「向後《こうご》之儀ハ無二可申合《もうしあい》心中候」を望む旨を八月二二日付松平真乗《まつだいらさねのり》宛書状に記している。二二日、上杉軍は「金山《かねやま》へ押詰、要害際《きわ》に陣取、廿二之暁しんしやう（新庄）則、此方《こちら》より堅固ニ持《もち》なし」というように新庄城を攻略したあと、金山を占領して椎名軍を圧倒した（『上越市史』九三二号文書、七九九号文書）。翌日には「所々作毛打散《さくもううちちらし》候」て、城内の敵を挑発した。

松倉城の伝説と椎名康胤

ところで現地には真偽不明ながら、ひとつの伝説がある。

こういう話である。

この城攻めに難儀する謙信が、木こりに変装して近習二〜三人と共に城周りを偵察した。すると坪野《つぼの》村（魚津市坪野）で地元の老婆を見つけたので声をかけた。

「今回は椎名の殿様も大変ですねぇ」

「そうじゃの。わしゃ生まれた時から戦には慣れておるが、さすがにあの大戦《おおいくさ》では城もいつまで持つことやら」

話が弾み、老婆は「あそこは兵粮はたくさんあるが、水口が弱点なんじゃ。うちの村から引かれておる水口を断たれたら、二日と持つまいよ」と、城の秘密を伝えた。謙信がその場で褒美を与えると、これに喜ぶ老婆の助言で、上杉軍は坪野村で水道番をしている伊《い》右衛門《えもん》を捕まえ、水口を閉ざした。

みるみるうちに城兵が弱っていく。上杉軍は頃合いを見て搦手《からめて》に火を放ち、寄手から乱入してこれを制圧した。嬉々として機密情報を売り渡した老婆は報奨金で豊かな生活を楽しんでいたが、やがて病気に苦しむようになり、子孫を残さなかったという(54)。

この伝説には、椎名康胤が隣国に攻め滅ぼされたのは、国を売る卑怯者がいたせいであり、彼ひとりのせいではないとする誘導があろう。また、国を売る者には天罰が下るという教訓も感じられるところから、現地の人々の歴史観と世界観が色濃く反映された作り話だと思う。

ともあれ同年一〇月二七日、謙信は武田信玄の動きを警戒して春日山へ帰城した。地元の伝説にあるように上杉軍が城を攻略した可能性もあろうか。その場合、康胤相手に優位な講和を結んだはずで、この際に康胤が長尾景直にその地位と松倉城を譲ったと見る説もある[55]。

しかしこのような運命をよしとしない康胤は、その後も謙信の越中支配に否を唱える。ちなみに元亀元年比定の六月五日付武田信玄書状（『戦国遺文 武田氏編』一一五七号文書）に「越中椎名（康胤）、加勢を為し、賀州衆催して、大坂へ登《のぼり》候」とあることから、椎名康胤が大坂（本願寺＝一向衆の中心地）に向かったとする説もあるが、これは康胤が大坂に向かったという意味ではなく、謙信の越中支配を妨害したい信玄が、椎名康胤を支援するために派遣した長延寺師慶が大坂に入ったという内容で読むべきであろう。

元亀二年（一五七一）三月、謙信は神保長職の要請で越中に出馬した。康胤が加賀一向一揆と共に越中へ乱入したからである。康胤は一揆勢と共同して謙信を相手に激闘を繰り広げた。越中での権勢を取り戻すため、加賀一向一揆勢の力を借りたのだ。

なお、松倉城は「金山根小屋」と一体化する山城で、文字通り金山を擁していた。傍証材料として文化八年（一八一一）の『松倉山由来書上申帳』に「かね《（金）》掘出候［中略］松倉之城主・河田豊前守殿江、御運上銀指上《さしあげ》候承《うけたまわり》伝《つた》へ申《もうし》候」ことが伝承されている。(56)

慶長期においても松倉の地は「越中の七かね山」のひとつとして、豊かな産金を誇った。康胤を排除して松倉・金山を占領した謙信は資金確保のため、側近の河田長親を配置して厳重に管理したようである。

越中平定を仕上げる

そんな折、越中東部の雄・神保長職（当時は法号「宗昌《そうしょう》」を称した）が元亀二年（一五七一）一二月二日の瑞泉寺禁制を最後に史料から姿を消す。長職は親上杉派の筆頭と化していたが、同時期より息子の神保長城《ながくに》（のちの長国、長住《ながずみ》）(57)が反上杉方への姿勢を強めていく。この影響であるだろうか、加賀一向一揆勢が越中侵攻の準備を進める。

元亀三年（一五七二）、謙信は越中の神保覚広《ただひろ》(58)らより援軍の要請を受ける。六月に越中へ乱入した加賀北部の一向一揆勢（指揮官は坊官・杉浦玄任《げんにん》）が大軍であるため、越後からの援軍を求められたのだ。一揆勢には椎名康胤も味方していた。

八月六日、越後を発った謙信は一八日に新庄城《しんじょう》に着陣。一向一揆勢は富山に陣を展開した。謙信がこちらに近づいたことで危機感を抱いたのだろう。

一揆勢の指揮官である杉浦玄任(59)は、加賀の金沢御堂《かなざわみどう》に援軍を要請するが、あいにく〝織田信長VS.朝倉・浅井連合軍〟の争いが激化していて、加賀南方の一揆勢はこの対応に赴いていたため、今ある戦力のみで対応しなければならない状況にあることが確かめられただけだった。

飛騨《ひだ》からは江馬輝盛《えまてるもり》が上杉方として参陣し、謙信は軍事的優位性を確定せしめた。

元亀四年（一五七三）正月、椎名康胤は、長尾顕景《あきかげ》（のちの上杉景勝）らに「身上取成《とりなし》頼み入り候」と降参の意を表する（『上越市史』一一三六号文書）。以後、康胤は史料の上で活動を停止している。

一五七三年

【武田信玄×西上作戦】

戦国の兵粮と「戦地禁制」
――貫高制から石高制への移行

遠征時、戦国大名が兵粮を準備する例はあまりない。史料に現れる兵粮は拠点用の備蓄米か、「現地調達」ができなくなった場合への輸送品が大半だ。

ここではその「現地調達」の実態、戦国後期に始まる貫高制から石高制への切り替えについて迫っていく。

武田信玄(東京大学史料編纂所所蔵模写)

戦国の軍需物資は本当に略奪依存か？

戦国時代初期・中期の兵粮・物資について、歴史学者の中には「大部分が略奪と、戦場周辺地域からの献上でまかなわれていたであろう」と推定する人がおられる[60]。これまで戦国後期の軍隊が「乱取り」を常習していたとする解釈は確かに一般化されていたが、距離を置いているうちにそこに依存していたとする解釈が一部に拡大されて定着していることには、いささか戸惑いを覚えたものである。

今一度、当時の日本の社会や生活を想像してみよう。略奪依存の行き当たりばったり体制で遠征の戦略が成立しうるだろうか。

この時代は日本中で戦争が繰り返されていた。数年に一度どころか一年に何度も戦闘を行なっている地域もあった。そんなところに敵兵から略奪される物資が蓄積されているだろうか。

民衆も馬鹿ではない。奪われる前にしかるべき対策を取っていたはずである。彼らを統治する為政者たちも当然保護を考えたはずである。

この問題と向き合う素材となるのが、武田信玄最後の軍事行動「西上作戦《せいじょうさくせん》」およびその際に発給された「戦地禁制《きんぜい》」(61)である。

武田信玄の西上作戦

元亀三年(一五七二)一〇月、甲斐の武田信玄が三河の徳川家康領を攻めた。武田将士は、四如《しじょ》の旗(孫子の旗)と呼ばれる「疾如風、徐如林、侵掠如火、不動如山」の小旗が、冬の風を受けて暴れんばかりに翻《ひるがえ》るのを見て、胸を高鳴らせていただろう。

それまで信玄と仲良くしようと苦慮していた織田信長にすれば、寝耳に水であった。信長は将軍・足利義昭と共に、信玄が越後の上杉謙信と停戦して講和するよう使者を往還させて、その和睦に尽力していた。

ところが信玄は途中で謙信に、「信長ではなく、越前の朝倉義景が言うのなら和睦してやっても構わない」と言い出して、交渉を断ち切らせた。朝倉義景は織田信長と敵対する大名である。あまりの無理難題に、謙信も信長も空いた口が塞がらないという思いだったのではなかろうか。

事態を知った将軍・足利義昭は、これに即応する。

元亀四年（一五七三）二月一三日、織田との連合政権を構成してたはずなのに、信長を見限って武田側に味方することを決断したのだ。主君が実力者である権臣を裏切ったのである。

義昭は、朝倉義景と浅井長政に信長を追討する御内書《ごないしょ》（将軍自筆の花押を記す書状）を送りつけた。これは公的な命令書である。その御内書は長政から信玄のもとへも送られた。将軍に信長を裏切るよう仕向けたのが、信玄だったからだ。この時、信玄は反織田連合軍の主翼を担っていた。

二月一七日、信玄は三河の徳川家の重要拠点・野田《のだ》城を攻め落とす。春風《しゅんぷう》が武田軍の陣幕を震わせる。対する徳川軍は、風前の灯火《ともしび》も同然だった。

だが春の風は武田軍にとって順風とはならなかった。もちろん逆風でもなかったが、どのような風だろうと肝心の帆《ほ》が失われてしまったら、意味をなさない。

もったいぶらずに言ってしまおう。

四月一二日、これからという時に、信玄その人が陣没してしまったのである。享年五三であった――。重い病を押しての進軍に、無理が祟ったと見られる。

ここまで耐え抜いていた信長が、主役の座へと躍り出た。織田軍のターンが始まったのだ。

信長は、夏の間に京都へ進軍して、将軍を降参させた。

さらに同年八月、信長は越前の朝倉義景を滅ぼす。しかもそれから二週間と経たないうちに近江の浅井長政をも滅ぼした。捕虜と化した将軍・義昭は、とうとう畿内を追放されることになった。

信玄亡き後、反織田連合はこのように、ごく短期間で完全崩壊させられてしまったのだ。だからもし信玄があと少し元気でいたならば、どうなっていたのだろうかと人々は今も想像力を働かせてしまう。ここは見通しが難しいが、ひょっとすると年内のうちに天下取りを果たしていたかもしれない。あるいは信長決死の反撃で痛手を受けて、しばらく停滞していたかもしれない。

戦地禁制のサンプル

さて、それでは「戦地禁制」というものがどんなものなのかを見てもらいたい。こういうものである。

定　　　　　　大山崎惣庄中

一、当手軍勢甲乙人乱妨狼藉事、
一、陣取放火之事、
一、山林竹木伐採事、
一、矢銭・兵粮米相懸事、
一、新儀非分之族申懸事、
以上
右条々、令堅停止訖、於若違犯輩者、速可処厳科者也、仍如件、
元亀四癸酉三月　日　　　　　　　　　　　　　　　　　　御朱印
（離宮八幡宮文書／『戦国遺文 武田氏編』二〇三一号文書）

この戦地禁制はごく典型的な文章となっている。サンプルとして適切だろう。ここには書かれていないが、禁制では「押買《おしかい》」の停止も一般的だった。右の禁制が作られたのは、西上作戦終盤の時期で、信玄が亡くなる前月である。

今見てもらった禁制を『戦国遺文 武田氏編』は武田軍が発給した禁制として紹介している。次にこの内容を説明しよう。

見ての通りシンプルなもので、意訳するとこんな感じになる。

離宮八幡宮がある大山崎の地において、次のことを定めます。

一つ、わが軍の人員が濫妨狼藉《らんぼうろうぜき》をすること。
一つ、布陣目的で放火すること。
一つ、山林から竹木を伐採すること。
一つ、軍資金と兵粮米を徴発すること。
一つ、先例のない制度を新たに押し付けること。

以上——。

これらのことを堅く禁止いたします。もし違反する者がいたら、すぐに厳しくその罪を問うこととといたします。わかりましたね。

元亀四年（一五七三）三月　日　御朱印

見ての通り、戦地禁制を出した大将の軍勢は、部下たちによる略奪と収奪、破壊行為、新法の制定を禁止するものである。戦場となりうる現地にすれば、この軍勢から戦災に遭う危険を回避できるので、とてもありがたいものとなる。

ちなみに離宮八幡宮《りきゅうはちまんぐう》は京都（山城国）の大山崎《おおやまざき》にある古い神社で、この時代、朝倉軍や織田軍などにも戦地禁制を求めており、とにかく戦乱の被害に遭わないよう繰り返し努めている。

戦国時代にはこうした禁制が各所で頻繁に出されていた。「戦国時代の東国、関東・甲信越・東海地方では禁制が多くみられるが、奥羽ではほとんどみられない」と言う[62]。

戦地禁制の先行研究はかなり豊富で、その発給手順についても概ね明らかにされている。

「そんなこと知っているよ」と思う方もおられようが、重要なので概説しておきたい。

これら戦地禁制は、まず現地民が敵軍に発給を要請する。「某国の大軍が攻めてくる」という情報をベースに、その大将に対して「うちに禁制を出して貰えませんか」とお願いするのだ。要請を聞いた大将は、「そうか……ならば出してやってもよい。だが……わかっていような？」とこれに応じる。「地獄の沙汰も金次第」というが、この交渉は原則として、現地の村町・寺社が主体的に、自分の地域に侵攻する大将に多額の礼銭・礼物を献上して獲得するものであった[63]。

このため、現在の通説では、戦災に遭うよりはマシだからと、戦地の人々で資金調達と交渉可能な者が泣く泣く大金を支払い、侵略者に戦地禁制を求めていたのだという。

これが事実なら、戦国時代の軍勢は、山吹色のお菓子が好きな悪代官の大将と、モヒカンが似合う一般兵に占められていたことになってしまう。だが、この通説はどこまで本当なのだろうか？

通説への疑問

戦地禁制の出されていない地域では、いつ誰が戦災に遭ってもおかしくない。雑兵は略奪行為に飢えていたからである。こうした無軌道な暴力を恐れる人々は、涙を忍んで戦地禁制を要請した――という解釈が現在、広まりつつあるようだ。

ここまではいい。

ではその戦災とやらは、いったい誰が何のために起こすのだろうか？

研究者の多くは、雑兵たちが臨時収入として携わった切ない出稼ぎだったという説を支持している（支持しない研究者もいる）。

だが、末端兵の私的な欲望による略奪が、どこまで横行していただろうか。

戦国時代は一〇〇年以上も続いている。なのに、そんな収奪と暴力に依存する体制が長期的に継続し得るだろうか（もちろん時に暴走することも無いわけではなかった）。「マッドマックス」や「北斗の拳」のようなフィクションの弱肉強食世界では、強者たちが第一次産業を抑圧し、ささやかな農作物や炭鉱品を収奪するといった、加害者と被害者の関係が続けられている。このような対立が持続すれば、上下どちらの階層も成長できない。より大きな災害や暴力がやってきたら、立ちどころにして破綻するだろう。技術の進歩や文明も史実ほど発展できなくなるのではないか。

戦国武将が攻め入る地は、同じ文化圏の、同じ社会を構成する人々の生活空間である。どちらの人々（兵士と民衆の双方）にとっても、日常生活と非日常生活の区分は曖昧だ。いくら敵地でも、暴力による収奪はひとつの社会を根本から否定する営みとなる。

無闇に暴力行使をする必要などない。破壊と収奪を常用していたら、周辺国との交渉、民間の交友、勧善と懲悪による倫理観の保持、これらが全て成り立たなくなる。

いくら戦乱の時代とはいえ、朝廷・幕府などの中央政府は健在だ。民間で市場が崩壊していたわけでもない。

もし大名同士が互いを異民族や別国家のように思って、略奪依存の体制を築き上げようとしたら、どうなるだろうか。

自浄作用が働いて、「御所巻《ごしょまき》」や「主君押込《しゅくんおしこめ》」などの下克上が起こり、民衆の支持を受けやすい人物に取って変わられたであろう。

弱肉強食だったと言うが、その強弱を定めるのは暴力性だけではない。多数の支持を集める〝人間性〟も重きを占めていたのである。

濫妨狼藉の正体

室町時代の絵画史料で、軽歩兵が家屋に立ち入り、濫妨狼藉を働くという『真如堂縁起《しんにょどうえんぎ》絵巻《えまき》』に描かれた光景をもって、「この時代の雑兵は、略奪を当たり前としていた」と言う人もいるようだ。

だが、これは先学が示すように、実は私的な略奪の風景ではないのである。よく見直してもらいたい。

彼ら軽歩兵が奪い取っているのは、障子や板など、布陣地の宿泊施設を構築するための物品ばかりなのだ。つまり、彼らは自分のために暴力と収奪を行なっているのではなく、

『真如堂縁起』刊本3巻より（国文学研究資料館所蔵）

指揮官の命令で工兵の役目を担い、（強引に）建築資材を集めているに過ぎない。

もちろん戦国時代に私的な略奪が横行していたことは認めなければならない。一般兵による無秩序の暴力と収奪は、古今東西どこにでもあった。だが、その一例のみを強調的に示し、「軽歩兵＝卑しい雑兵＝濫妨狼藉」を好んでする者たちという連鎖的イメージを深めてしまうと、実態への理解から遠ざかるであろう。

そもそも戦国時代、多くの大名は私的な暴力と収奪を非合法の振る舞いとして、厳しく禁止するのが原則だった。決して自由気ままに許容していたわけではない[64]。

一般兵による無秩序な暴力と収奪が戦国時

代にずっと蔓延していたわけではない。そういう輩もいたというだけである。では、戦地禁制は何を目的に出されていたのかというと、『真如堂縁起絵巻』に関して述べたように、軽歩兵たちの破壊行為は、工兵のように戦地の建築物を解体し、プレハブ工法をもって大将たちの宿泊施設を作り出すために行なうものであった。

だから、戦地禁制は「我々の居住区を解体しないでくれ」などと言う要請により出されたのである。そして、それだけではない。もうひとつ重大な目的がある。

それは営業、売り込みである。

戦地禁制の正体

戦地禁制に従うと、現地では「本陣」としての宿泊施設を新たに構築することが困難となる。すると、高級将校である大将たちは寝泊まりする場所をどうやって確保したであろうか。

ここで徳川時代の大名行列（参勤交代）を想像してもらいたい。これは数百から数千もの人員が長期間、遠路を移動する。大名は「本陣」と呼ばれる宿屋に停泊した。

行列の通過する宿場町は、謝礼・旅籠《はたご》料・関札《せきふだ》料・幕張《まくはり》料・馬の預かり料などの収益を得ていた（特に利得となったのは、その保護特権）。もちろん本陣の誘致運動ばかりでなく、そこに宿泊できない人員も多いため、その分宿をめぐって客引き競争も熾烈であった。

大名行列は、もともと戦国時代の用兵をベースとする隊形で、そのノウハウもそれを受け継いだものである。

移動する先々でどのように過ごすかも戦国時代と徳川時代初期で大差などない。彼らはあらかじめ宿泊施設を確保して、そこに寝泊まりできる体制を整えて移動する。これができない時は、野宿もやむなしとなるのだが、兵たちの体力確保を疎《おろそ》かにはできないので、そのような事態は極力避けられたに違いない。

あらかじめ整備された宿泊先では休憩所としてだけでなく、市場としての機能も期待された。

戦国時代に、武具や食料だけでなく、衣類や医薬品まで一切合切輸送するような軍事体制などイメージされるほど発展していなかった。このため有事は兵站《へいたん》基地の代用に、宿泊施設が重要視された。

だから、戦国時代には兵站の概念が発達しなかったのだ。

戦国時代の現地調達とは

私は、現地調達が当たり前だったという一般認識に対しては異論がない。

ただ、現地調達というと、暴力による収奪を連想する人もいるのだが、金銭を支払って購入したと考えるのが妥当である。彼ら従軍将士とて参加した戦争が終われば、あちこちの商人や僧侶や民衆と交わる日常生活に戻る。だから非日常的な戦地でも、できるだけまともな取り引きをしようとしたはずである。

応仁・文明《ぶんめい》の乱で、一一年もの間、何万もの東西軍が在京し続けられた理由はここにあると考えられよう。そしてこの経験が日本中に、戦争と市場の共存（戦争の日常化）が可能だと知らしめたのでないか。

戦地禁制を求めたのは、寺社や集落である。彼らも近世（徳川時代）の本陣同様に、莫大な儲けを得ていた。考えてみれば当たり前だろう。大名の軍勢が宿泊費を支払って、正当な価格で買い物もしてくれるのだ。(65) 戦災さえ受けなければ、大きな催事を請け負っているのに等しい。

その一例となろうが、豊臣秀吉の小田原合戦時には、戦地禁制を出してもらうことで施設の無事を確保して、逃げ込んでくる難民から金銭を取り、老朽した施設を立て直すための資金を得た寺院もあるようだ（高澤等氏のご教示による）。

寺社や集落は、一般兵士が押しかけて「寝泊まりさせろ」という「諸人寄宿」や「余人寄宿」も禁止してもらっていた。収入のあてとなる高級将校のみを相手に取り引きをするには、下層の戦士階級（野宿または粗末な民家を利用）の立ち入りを拒む方がよかったからである。近世初期も大名とその側近たちは、寺社や大きな民家を宿舎とした。戦国時代に戦地禁制を求めた地域が近世本陣の先駆であったのは間違いない。

何千何万の人数が移動生活をするための資材を提供（もちろん有償）し、市場を開いて、利益を得る。この上、破壊された周辺のライバル施設から難民が流れてくれば、慈善活動のアジール顔をして労働力を確保できる。

なお、多くの戦地禁制の多くで停止が命じられている「押買」とは、無体な低価格で取引を強いる悪徳行為のことである。禁制には、市場を保護して正常化する性格があった。

戦地禁制の要請者たちは、こうして戦争の日常化（戦国社会）を支えていたのである。

貫高制と石高制

ところで戦国後期――。

天正以後の織田政権の時代まで、戦国大名たちは「貫高制《かんだかせい》」といって、民衆の納税を貨《か》幣《へい》で集めていた。中には、これが徹底できておらず工芸品や農作物などで納入させるところもあったが、基本はやはり貫高制で、納入は金銭とされていた。

とはいえ、その数値は純粋な金銭の収入ではなく、田畑の収穫量を基準に計算された。

このため、大名は領内の検地を繰り返して、税収を上げるのに懸命だった。

ところが織田信長はこの時期から、新たに「石高制《こくだかせい》」の適用を拡大し始める（それまで両者は混交していた）。米がその土地でどれだけ収穫できるかを貨幣に計算し直すことなく、直接米を集めるのである。近世大名の国力を示すのに使われる「十万石」「百万石」というのは、石高を示す数字である。

なぜ戦国後期に、石高制が貫高制に切り替わり始め、それが全国区に広まっていったのか？

信長は、占領したばかりの土地をそれまでの銭建ての貫高ではなく、米建てによる指出《さしだし》検地《けんち》から割り出した現地申請による石高の数字で、税を計算することにした。

石高制への移行については膨大な研究があり、現在の一般的な認識としては、次のように説明される。

当時は質のいい良貨に、鐚銭《びたせん》という悪貨が混ざって流通していたので、その価値が乱れていた。実用に足る銭の不足もあった。

一方で「米は当時およそ一斗が銭二〇〇文程度だったので、一合にすると二文」と計算が安定していた。このため「米は銭の代わりを十分に果たせるようになっていた。しかも米は品質に極端な違いがなく、また潤沢な生産量を維持しており、かつ、食糧・兵粮や年貢として需要がつねに存在した。それゆえ、別の品物よりも相手に受け取って貰える可能性が高い」こと、そして「戦争が大規模化し、兵粮調達の重要性が増大した結果、米建て基準に転換させ、直接、米を徴収する方が現実的になっていた」ことから、貫高制が石高制に移行したとされている(66)。

経済的にはこの通説に異論はない。ただ私は、経済的な理由以外に、軍事的な次の事情もあったと思われる。

戦国時代の大名は、税収を貨幣で取った。軍資金として、これを配下たちに持たせた。

軍事行動の時、彼らはそれを元手に行く先々で食料を購入する。不足があれば、本国から輸送させたり、時には非常用として三日分持たせている腰兵粮を使わせたりした。

しかし織田信長は相次ぐ戦争で、不便を覚えるようになっていく。農民たちがわざわざ市場に出向き、生産品を金銭に換金してこれを納め、武士たちがその貨幣でまた農作物などの食料を買うなどというまわりくどい段取りを取るのは、戦時体制として考えると無駄が多い。

中には、領国丸ごとこちらに立ち向かい、現地民が食料を売ってくれないところも現れたであろう。特に多くの百姓が抵抗するほかの大名の（民衆支配が強い）「御国」や、一向一揆と密接な土地である。

もしこのように現地調達（民衆からの買い取り）が通用しないところが増えたなら、将兵への食糧は配給制にすればいい。大名・領主（大将）は、農民たちから米をもらう、これを兵たちに与える。これで無駄は一気に省ける。

さて、戦場では兵たちにどれほどの米を支給していたのか。

戦国時代の米の支給量は同時代の記録が見られないので、近世の軍学書を参考とする先行研究の解釈を頼りに見ていこう[67]。

まず軍学者の手による『武経要略《ぶけいようりゃく》』「兵粮方之巻」では「在陣之内一日之兵粮従将士以一人一升《しょう》」とある。ついで尾張藩の『御軍用記録』にも「一人に米一升」とある。そして天明六年（一七八六）『海国兵談』にも「一人の食は一日一升」とある。

このように一日一升の支給が普通だったようである。

ただ、岡山藩の『吉備温故秘録《きびおんこひろく》』は「一人前一日の粮米七合五勺《ごうしゃく》」とあり、『全流講義《ぜんりゅうこうぎ》』もこれと同じで「ひとり一日に七合五勺」とあり、星野常当《ほしのつねまさ》『武学拾粋《たけしがくじゅうすい》』は「一人一日の糧白米六合」と減量気味である。なおそれぞれに味噌も付けられていたようである。

いささか幅があるようだが、これには仕掛けがある。

尺貫法によると一升は一〇合だが、戦場での支給はいささか曖昧で、一升の容れ物に目一杯入れるのでなく、「白米一升」を「七合五勺ヨリ九合マデ」の範囲で支給していた（阪塚治《さかたくじ》『携帯糧食論』、一八九八）。

ここに米の消費量は、ひとり一日に七合五勺だったと推定できる。これに加えて塩一勺・味噌二勺を同時に配るのが通例だった（『雑兵物語』、『籠城守禦之巻』『海国兵談』ほか）。運動量が少なく、食品の栄養素と副食物が豊かな現代人は、米を一日に三合ほどしか食べない。また当時の武将も平時は「毎飯三合の米」で、「一日に三度の飯を用う」という大食ぶりで（『日本往還記』[68]）、戦国の兵たちは現代人の倍以上の米を消費していた。

なお、兵粮米は白米《はくまい》が主流だったが、次第に玄米《げんまい》が主流と化していったという[69]。これは豊臣時代に変化していったのだろう。

品種により差はあるが白米一合は約一五〇グラムで、炊くと水を含んで約三三〇グラムに膨れる。玄米一合は約一五六グラムで、炊くと約二八〇グラムに膨れ上がる。腹持ちするのは当然ながら白米だ。

ただし白米一合は約五一三カロリー、玄米一合は約五四〇カロリーで、栄養価は玄米が高い。戦国の兵は約三八〇〇～四〇〇〇カロリーを摂っていた計算となる。ちなみに自衛隊は一日に約三〇〇〇～三七〇〇カロリーを摂っているようだ。

兵たちはカロリーよりも腹持ちのよさから、玄米よりも白米を喜んだというが、そもそも今よりも小柄だった当時の兵たちが毎日こんなに大量の米を食べておいて、なお飢えを訴えるかどうか疑問である。

連続して米と味噌ばかり食べていたらさすがに飽きる。健康にもよろしくない。保存が効くので、食べ切らなくてもいい。米は貨幣の代用となる。近世初期の雑兵は金銭を支払われた様子がなく、米が賃金代わりにされたようだ。彼らは米をマネー代わりに使って副食物を買ったであろう。戦地に取り引き相手がいなければ、配給された米をメインに食べるが、取り引きに応じてくれる者がいれば、商品と米を物々交換して、自分の好きなものを食べたと考えるのが自然である。久保健一郎氏のいう「モノとしての兵粮」と「カネとしての兵粮」で両用されていたのだ[70]。

こうした背景を考えれば、中世から近世への移行期である織豊政権期の変化を読み解けるだろう。

貫高制を石高制に切り替えた信長は先駆者であったが、別に未来を見通す天才だったわけではない。

自分の代で戦乱が終わったら、元通り貫高制に戻すことを考えたかもしれない。だが、信長は天下一統を目前に横死して、戦乱は内外に打ち続いた。

天正一八年（一五九〇）、豊臣秀吉の小田原攻めでは、伊豆韮山城に迫った豊臣軍が「兵粮に詰《つま》り、野老《ところ》をほり候てくらい候よし、兵糧一升びた銭百文ヅヽ、是もはや（早）無」という飢餓ぶりに苦しめられた（『戦国遺文　後北条氏編』三六九一号文書）。

大名と領民の結びつきを誇り、「御国」を称する北条領では、例えば「御用」を名目として一五～七〇歳の百姓を徴発（同右三一三三～四八号文書）し、また武蔵松山《まつやま》城主の上田《うえだ》憲定《のりさだ》が町人に籠城を命令したように、敵軍と領民の交渉による現地調達を妨害することが可能だった。もちろん北条家の領民のうちにも言うことを聞かない者がいた。その証拠に豊臣軍の禁制が「北条氏のお膝元《ひざもと》であった村々」に相当数発給されている。(71)北条家の小田原城は大掛かりな「惣構《そうがまえ》」があったことで有名だが、これは一般に言われるような「避難民の収容スペース」ではないだろう。なお城郭研究家の西股総生《にしまたふさお》氏はそうではなく、「前哨陣地帯の発展型」と見なしているが、私は領民の他国流出を防ぐ「領民逃散《ちょうさん》防止の収容スペース」でもあったと考える。

これに辛酸《しんさん》を舐めさせられた豊臣政権は、「太閤《たいこう》検地」を介することで、翌々年より始まる壬辰《じんしん》戦争（豊臣軍朝鮮出兵）の継戦体制を整えていくこととなる。

かくして「兵は則ち官粮を喫し、商人最も富貴」と伝わるように、下級武士の給料は食料に統一されていく（『日本往還記』）。

外征に注力して軍事国家への路線を強化した豊臣政権と、治世において乱世を忘れずとばかりに国内秩序の再構築を進めた徳川政権にとって、石高制は有用であったから、合理性など関係なく、そのまま継承されることになった。

武田信玄の上洛は可能だったのか

ところでこうして考えてみると、武田信玄は軍資金さえ確保できていれば、その率兵上洛（軍勢とともに京都に入り、敵対勢力を排除して政治の主導権を掌握すること）も実現する可能性があったことになろう。

戦国ファンは、西上作戦時の武田軍の兵粮や物資の問題を心配することが多いが、この時代まで大名が兵粮を直接用意することはほとんどなく、相応の資金さえあれば現地で仕入れられたのである。

一五七三年

【武田信玄×諜報員】

忍者より確実な情報収集工作

——フェイクでフェイクを見破る

戦国の諜報については、様々な考察があるだろうが、ここでは史料から想像される情報収集工作に迫ってみる。

あくまでも想像の範囲であるので、疑いの目を忘れずに読み進めてもらいたい。

まずは、遠国のある民間人が隠密で移動する大名のもとを訪問して返書をもらったのかという疑問からスタートする。

京都大山崎の離宮八幡宮

戦地禁制は民間の希望で出された

前項では戦地禁制から、もし本格的に上洛戦を展開したとしても武田軍が兵粮に困ることなどないだろうということを書いた。この時代、大名の軍勢が自ら兵粮を用意することはまだ一般的ではなかった。食料は民間に溢れ返っているので、軍勢はこれを現地で買い取りさえすれば、兵站など気にする必要などなかったのである。

これを経済活動として「うちに来てください」と侵攻側に献金して営業する民間の共同体（村町・寺社）もあった。この証跡が戦地禁制である。「戦国の軍隊は現地調達が基本」というが、兵たちは原則的には合法的に物資や食料を得ていたのだ。

さて、先に武田軍の戦地禁制とされるものを掲出したが、実はこれが武田軍のものではないことを説明すると共に、その背後で行なわれていた諜報活動を見ていきたい。

である。

武田軍を訪ねた京都の者たち

前項で掲出した戦地禁制は、原本が存在しない。これまで確認されているのはその写しである。

発給された年月は元亀四年（一五七三）三月となっていて、武田信玄死去の前月にあたるものである。当時三河に攻め込んでいた信玄の病状はすでに重く、これで徳川家康と織田信長を打倒して、同月中に京都まで突き進むなど、どう考えても不可能である。

実際、信玄の左右にいる者たちもそう考えていたらしく、京都の離宮八幡宮から戦地禁制を求めて軍中を訪れた使者たちに「今は禁制を出せない」として、次の返書を手渡している。

【意訳】

わが主君・武田信玄の出馬につきまして、離宮八幡宮から戦勝祈願の文書と板書《ばんしょ》・扇子《せんす》を承り、喜んでいます。その神領につきましては昔のまま諸事の免除を認めたく思います。ところで戦地禁制につきましては玉蔵坊《ぎょくぞうぼう》からもお話を受けましたが、今のところ遠国《おんごく》のことなので、京都方面のことは先送りにしております。近江まで行くことになりましたら、間違いなく担当者に準備を依頼したいと思います。どうぞよろしくお願いいたします。

三月二六日　　宗慶（饒俸軒）〈花押〉／昌続（土屋）〈花押〉

城州大山崎

惣中

【原文】（離宮八幡宮文書／『戦国遺文 武田氏編』二〇三〇号文書）

就御出馬、八幡宮御祈之巻数《かんず》并《ならびに》板物・扇子令披露候、御祝着之由候、随而庄内之儀、依為御神領、自往古諸事御免除之由、尤思召候、就其制札之事、玉蔵坊達而雖被申上候、遠国之事候之間、京表之儀、先以御停止候、江州迄も於御出張者、可相調候、其段可被任両人置候、不可有相違候、恐々謹言、

三月廿六日　　宗慶（饒俸軒）〈花押〉／昌続（土屋）〈花押〉

城州大山崎

惣中

差出人のうち、僥倖軒宗慶《ぎょうこうけんそうけい》は武田信玄の侍医《じい》である。土屋昌続《つちやまさつぐ》は信玄の側近である。昌続は信玄が病没すると殉死を考えるほど信玄に近しい武士であった。

彼らふたりは信玄に近侍しており、重病の主君のもとから離れていたとは考えにくいので、離宮八幡宮の使者たちが遠路遥々と信玄の本陣まで辿り着き、そこで信玄に代わり対応したと見ていいだろう。

武田家中からのではなく信長の禁制だった

さて、件の戦地禁制は、この離宮八幡宮が求めたものだが、その年月表記は「元亀四（一五七三）癸酉《きゆう》三月　日」となっている。

この三月というのは、先の武田側近両名からの返書にあるように、ちょうど信濃を移動中の信玄と行動を共にする土屋昌続らが「禁制はまだ出せない」と使者に書き伝えた時期である。

だから、例の戦地禁制は武田軍のものではない。件の禁制は、原本がなく写本のみが伝来していると述べた。そして、この写しは朱印の部分を「御朱印」とのみ記しており、もとの形状が不明となっている。したがって誰が発給したものか判然としないのだ。

だが手がかりはある。

朱印を使うのは、身分の高い大名である。この時期に畿内方面に向けて「朱印」の戦地禁制を出せる大名は、織田信長だけであろう。しかも信長は三月中に先遣隊《せんけんたい》を京都に向けて派兵しており、さらに自身も二九日までに軍勢を率いて入京し、知恩院《ちおんいん》に布陣している。するとこの禁制の朱印は、武田家の「竜朱印」ではなく、織田信長の「天下布武」であろう。

実際、織田の研究者はこの史料を信長発給と見なしている(72)。

するとここでひとつの疑問が湧いてくるだろう。

離宮八幡宮は信長に禁制を出してもらっている。なのに武田信玄にも禁制を求めていたのか、二股《ふたまた》営業ではないか――という疑問である。

無限のルート分岐点

離宮八幡宮は、信長に戦地禁制を出してもらうことに成功した。にもかかわらず、信玄にも戦地禁制を求めて使者を発した。しかも武田からは、要請を断られてしまった。

これらの事実をどう見るべきだろうか。

二股営業の可能性もあるにはあるが、即断はできない。禁制の発給には、多大な礼銭・礼物が必要である。離宮八幡宮は、信玄の陣中に「八幡宮御祈之巻数并板物・扇子」を送り届けた。

大したものではあるまいと思うかもしれないが、使者たちが無事に武田の本陣まで赴くには、旅費ばかりでなく、様々な人への相談料や警護料を要しただろう。戦場に入るのだから、あらゆる意味でリスクが高い。それでも使者たちが上洛不確定の武田に、保険やおまけのような考えで、禁制を求めに派遣されたとするのは不自然であるように思う。

もし二股説を強引に解釈するなら、眼前の脅威に織田の軍勢があり、ひとまずこれに禁制を求めた。だが、離宮八幡宮は真の実力と将来性は武田軍にこそあると見ていた。ゆえに、信玄を本命視する想いから武田の陣中に使者を派遣した——という見方もできるかもしれない。

たしかに信長は、朝倉義景と浅井長政および本願寺と争っている最中、将軍・足利義昭から離反され、おまけに信玄まで動き出して、かつてない危機に追い詰められていた。武田軍はあっという間に徳川領を席巻しており、この勢いを見て「織田・徳川連合は滅亡寸前の状態にある」と判断するのはありえないことでもない。

だが、信長にも勝機はある。

例えば、信長と同盟する上杉謙信は、能登畠山家の家臣である長景連《ちょうかげつら》に宛てた三月一九日付書状において、「まず山門再興をやってしまえば、信長は（信玄の軍事行動から）大義名分を奪えることでしょう。［中略］こうして大義を失えば、信玄も手詰まりに陥るはずです」と述べている（旧高田藩和親会所蔵文書／『上越市史』一一四二号文書）。

信玄は反織田姿勢を打ち出すのに、比叡山の再興を大義名分に揚げていた。そこで謙信は「信長は比叡山を再興すればいい」、「これさえ実現できたら、信長の名誉は不朽のものになるはずだ」と考えたわけである。これは単なる精神論ではない。ひとつの戦略として、信長は反織田勢力を切り崩すのが良案だと考えていたのである。

そもそも信玄の本気度が不明である。

徳川を程よく追い詰めたところで引き返す可能性もあるだろう。謙信が関東の他国衆を動員して信濃に乱入できれば、全ての活動を停止せざるを得ないかもしれない。

このように、どのような不測の事態が起こり得るかわからない状態で、京都の離宮八幡宮が信玄の上洛を本気で現実視していたか、やはり疑わしい。タイミングでいえば今動くのは勇み足の危険がある。ルート分岐が無限にある状態なのだから、武田軍に営業するのはまだ早すぎるのではないか。

おそらく、離宮八幡宮は二股などかけていなかっただろう。

ここでその答えを考えるためのヒントとなる古文書の写しが残されている。信長から謙信に送られた手紙である。

信長と謙信は、信玄対策の路線から軍事同盟を結んでおり、連絡を密にしていた。

信長は反織田連合の動きを伝えるとともに、独自に入手した信玄の動向を謙信に書き送っていた。その手紙によると、なんと信玄はこっそりと移動していたと記されている。

信長の手紙は、信玄の側近たちが離宮八幡宮に返書を手渡した日付より一週間前の三月一九日に書かれていた。ここから戦国の諜報戦の一端を見ることができる。

隠密裡に移動していた武田信玄

三月一九日、信玄はすでに最前線から撤退していたようだ。

三河を退き、甲斐本国に向けて隠密裡に移動していたのだ。情報源となるのは、信長が謙信に送った手紙である。

手紙はかなりの長文なので、武田の動向に関する一文だけを見てもらおう。

【部分意訳】
信玄は三月一二日に三河から移動したようです。兵士たちにもずっと秘密（「一円隠密」）でいるようで、隠れて退去しているようです。諸勢は一六日に退散しているらしいと、国の境目にいる人たちが教えてくれました。

【原文】（謙信公御書集／『上越市史』一一四三号文書）
［前略］去十二日引散之由候、士卒共ニも一円隠密候而、物紛に退候旨候、諸勢ハ十六日に退散之由、堺目方々より告来候、［後略］

信長は、ここに信玄撤退の速報を書き記している。
この状況下で、信長が盟友の謙信に虚報を流すとも思えないので、とりあえず得られた情報を即座に伝えたものと見ていいだろう。巧緻は拙速にしかずだが、この時の信長の情報確度は高かったように思う。

ここから離宮八幡宮の使者が、武田軍の要人たちから返書を手渡された時、彼らがどこにいたのかを推定できる。

使者が死者にならずに済んだ理由

翌月一二日、信玄は信濃の駒場で卒去しているので、信長書状から一週間目の三月二六日には、まだ信濃にいたはずである。

ただ、信玄は「士卒」に黙って「一円隠密」に撤退している最中であるから、使者たちは、信濃で初めて信玄のもとを訪れたわけではない。信玄の撤退は、最高機密情報である。これを信長の言うように「堺目方々（国境にある人々）」の民間人が知り得るとは思われず、使者たちが信玄の居場所を特定できるはずがない。そして武田の旗本も不意の訪問者（京都からの使者）に正体を明かして対応するとは思われないためである。

もし使者たちが「この集団の中に信玄様がおられようか」と近づいたら、その場で斬殺されるだろう。

すると彼らは、信玄がまだ三河に在陣している時から本陣へ近づき、交渉を許された後、信玄側近衆の判断で、隠密の移動に同行を許されたと思われる。なぜ許されたか。信玄とその側近たちが率兵上洛を諦めていなかったからである。

ここに信長の手紙と、離宮八幡宮への返書を整合的に理解できるだろう。

使者は信玄の「諸勢」に同行して、いくつもの重大な情報を得ていたと見て間違いなかろう。

離宮八幡宮からの使者の動き

彼らの動きを推測すれば、こういうことになろうか。

義昭が信長からの離反を決定したのが二月中旬――。

信長から離宮八幡宮への戦地禁制は三月のものとなっているので、離宮八幡宮は義昭の動きを見てすぐ（二月下旬）信長に禁制発給の打診を行なったのだろう。離宮八幡宮は、将軍と織田軍の紛争地となりうる場所にあった。信長は禁制の依頼に応じて、すぐさま「天下布武」の戦地禁制を発給させた。

その後（別の人物たちであるかもしれないが）使者たちはすぐ三河へ旅立ち、武田軍の陣中に入った。三月上旬の頃だろう。

そして「我々は信玄公の戦勝祈願を執り行ない、上洛を果たされる日を心待ちにしております。そこでぜひ我らの神領に然るべき禁制をお出し願いたい」と願い出たのだろう。

ここまで情報も出揃ったので、そろそろ私見をまとめよう。

離宮八幡宮の使者は信長の差し金だった

一連の動向は、信長の諜報活動を示している可能性がある。

離宮八幡宮は、信長に戦地禁制を要請した。信長は過去にも同宮に禁制を発給しているので、これを快諾することにした。ただし使者と面談する時に、ある注文をつけた。

「すでに聞いておると思うが、信玄上洛の風説がある。もしこれが事実なら予は滅亡間違いなしだ。そなたたちも大変な目に遭うだろう――。しかし信玄坊主のこと。陽動狙いの虚報を流しているのかもしれぬ。そうだとしても、このままだと我らは何もできずに打つ手なしの八方塞がりよ。そこでそなたたちに頼みたい。武田軍の陣中まで赴き、彼らに上洛の意思があるかどうか観察してもらいたいのだ。もちろん禁制は急がせる」

そういう主旨のことを伝えて、禁制を発給させるなり、彼らが信長のために持参した戦勝祈願の品々の一部を持たせ、三河へ派遣したのではないか。

かくして使者たちは三河にある武田の陣中へ入った。

朝倉家ともつきあいの深い離宮八幡宮が、信玄上洛を待ち望む姿勢を示しているのだから、武田軍も無碍《むげ》にはしない。それに京都からの使者たちは、畿内方面の情報を聞き出すのにも有用である。

信玄自身は重い病状で苦しんでいたが、三月九日には回復の兆しが見えて、「家康さえ滅ぼせば、信長に一〇〇日とかからないだろう[73]」と豪語していたらしい（『甲陽軍鑑』品第三九）。だが、すぐに楽観視できなくなるほど体調が悪化して、本格的な療養が必要になってきた。

上杉謙信だけでなく、織田・徳川連合と全面戦争に入った武田軍は、蜂の巣に手を突っ込んだも同然の状態であった。各個撃破しておかなければ、必ずその反動を受ける。北陸の越中方面で足止めさせている謙信も、いつこちらに矛先を向け直すかわからない。

このため信玄は、今後の段取りを調整するため、使者を伴い、信濃まで隠密の移動を開始したのだろう。信濃から情勢を観望して、家康の後、信長と謙信のいずれと勝負するかを見定め、信濃から総軍を差し向けるつもりで、信濃に滞在したのだろう。

それでも病状が回復する様子はなく、信玄の側近たちは使者に上洛中断の意思を伝えて、これを返すことにした――。

誰でも密偵に使える

そう考えると、信長の情報源が見えてくる。こうして信長は、信玄の様子をよく見ている者たちの証言（おそらく使者の同行者）をベースに知り得た軍事機密を、盟友の謙信に連絡した。ただし情報提供者に危害が及ばないよう、情報源を「堺目方々」と曖昧に伝えることにしたのだろう。

こう考えれば、離宮八幡宮がすでに信長から禁制をもらっているにもかかわらず、武田に無理な禁制の発給を求めていること、しかもその使者が信玄の隠密移動に同行していること、その移動が信長のもとにまで詳細に漏れ伝わっていることの整合性がとれてくる。

特に「堺目方々」が、武田軍の日取りから士卒への隠蔽を含めてその動向を把握するなど不可能で、それが都合よく信長の耳にまで届くのはもっと不自然である。

戦国時代の諜報は、黒澤明の映画『影武者』だと、名もなき密偵が敵勢まで密かに近づき、その動きを視認して情報を集めていたが、そんなことをするよりも中立の要人を懐柔して、堂々と機密を語らせるほうが手っ取り早く、確実である。

そういうわけで、武田軍が離宮八幡宮に発給したともいわれる戦地禁制は、実は信長のものであり、信長はその発給過程で離宮八幡宮を懐柔して、彼らを武田軍の偵察に派遣したと考える。信長としては、信玄に上洛の意思ありか否かを見極めたかったのだろう。すると、予想に反して彼らが信濃に移動したので、謙信に「気をつけろ」と伝えるべく確報を書き送ることにした。

この通りだとすれば、信長の諜報工作は、かなりの成果を挙げたことになる。しかし信長は、信玄の病状については何も聞かされていなかったようで、謙信宛書状に言及がない。使者たちもさすがに口を閉ざしたのではないか。

もしそうだとしたら、信長の不興を買うかもしれないことを予想しなかった使者たちの考えは、角砂糖四つのコーヒーよりも甘い。離宮八幡宮の大山崎はその後、信長から何の特権も与えられることなく、勃興する新興商人たちに伝統的利権を奪われていき、斜陽の時を迎えることになった。

一五七三年

【徳川家康×武田信玄】

敵将の急死を狙う、嘆く

——おのれを滅ぼそうとする者への対応

もし自分を殺そうとする巨大なる敵がいたとしよう。

そしてその相手が不慮の死に見舞われた場合に、我々はこの人物を正当に評価できるだろうか？

ここでは殺るか殺られるかの時代に、人々がその反応に注視していた武将たちの言動を見ていこう。

岡崎公園の徳川家康しかみ像

武田軍の様子を謙信に知らせた徳川家康

武田信玄が徳川家康領に侵攻した。

信玄と家康の両者と同盟していた信長は、いきなりの出来事に驚き、元亀三年（一五七二）一一月二〇日付上杉謙信宛書状において、信玄を「【意訳】侍の義理を知らない」と吐き捨て、「当然、義絶するつもりでいる」と伝えた。そして「（信玄とは）永遠に仲直りする気がない」とまで言い切った（『増補改訂織田信長文書の研究』三五〇号文書）。

信長と家康が、武田家と共存するルートはここに消えてしまった。両陣営は後に引けない全面戦争に進むこととなったのである。

武田軍は家康の遠江・三河だけでなく、信長の美濃にも侵攻を開始した。特に三河では一二月二二日に家康との三方ヶ原合戦に勝利し、徳川家を滅亡寸前に追い込んだ。

この勝利に気をよくした武田軍は、先にも触れたように「家康さえ滅ぼせば、信長相手に一〇〇日とは手間取らない」と豪語して戦意を高揚させた（『甲陽軍鑑』品第三九）。

武田軍の本陣に「天上天下唯我独尊」の小旗が掲げられた。

馬印と小旗と指物の違い

ちなみにここで、戦国のドラマや漫画などに描かれる馬印《うまじるし》と小旗《こはた》と指物《さしもの》の違いについて触れておこう。

馬印《うまじるし》というのは、大将の居場所を示す移動式の小型ランドマークである。長くて丈夫な棒の先に大きな扇《おうぎ》、瓢箪《ひょうたん》、兜《かぶと》などを飾り立てて、大将が本陣にいる時は本陣に、移動した

「長篠合戦図屏風(下絵)」
(東京国立博物館所蔵:colbase)

ならば移動先に掲げられた。纏《まとい》や幟《のぼり》と同種で、ある意味で事実上の軍旗代わりでもあった。小旗《こはた》というのは、小さな旗のことと思うかもしれないが、そうではなく、とても縦長の大きな旗で、旗専門の徒士（軽歩兵）であるところの「旗持ち」が背負って歩く。これは隊列旗でもある。

旗持ちは自分の身長よりも高い旗を背負う。その先端には紐がついており、旗持ちは旗が傾かないようその紐を手で持って移動した。彼らの役割は、部隊の先頭または背後に整列して、その隊形の目印となることである。基本的には歴戦の勇士が選ばれたという。武田軍が使ったという「尊師《（孫子）》の旗」もこれに当たるだろう。

余談になるが、旌旗《せいき》という言葉がある。旌は小さい目印、旗には大きい目印の意味があった。旌とは尊い身分の人が優雅にその居場所を示す飾り竿であり、纏すなわち馬印と同種であった。また、明代の中国には「小旗《しょうき》」という軍官がいて、一〇人の集団で引率の仕事を担っていたようである。[74] これらが転じて大きな旗を背負う徒士に「小旗《こはた》」の名称が普及したのであろう。

そして指物《さしもの》とは、武士が背負う小さな旗である。これは武士が個人の従者に自分の居場所を示すことと、大きな手柄を立てる時の目印とするために使われた。指物ではなく、母《ほ》衣《ろ》(75)を使う武士もいた。大名直属の馬廻・旗本は、個人の指物ではなく、主君から指定された指物で同僚たちとお揃いにされていることもあった。黄母衣衆などがそれである。

余談を重ねると、ドラマや漫画やゲームでは、陣笠《じんがさ》を被って、長い鑓を持つ雑兵が、総大将の家紋を描く縦長の旗を背負っていることがある。だが、このような光景は戦国時代には見られない。雑兵は家紋が入った長方形型の旗を背負わないのだ。総大将の家紋を描いた旗が無名の足軽に支給されていた事実はない。あれは創作世界のアイコンと見るべきだろう。

野田城を攻める武田信玄

三方ヶ原合戦に圧勝した武田信玄は追い風を得たかのように進軍を続け、翌年に三河の野田城を攻めた。

この時、重大な事件が起こる。徳川家康は、武田対策で同盟している越後の上杉謙信のもとへこれを急ぎ知らせることにした。

元亀四年(一五七三)に比定される次の徳川家康書状写しがある(『愛知県史』八六四号文書　徳川家康書状写　古文書・記録御用所本)。

就参（三河）・遠（遠江）之模様及一翰候、仍去此者御使者重而飛脚本望候、抑信玄（武田）于今野田（設楽郡）居陣候、
追而以権現堂（叶坊光播）可申述候条、不能細筆、恐々謹言、

二月十六日　御名乗（徳川家康）御書判

上椙（謙信）殿

これまで信長と家康は、信玄の動向を謙信に詳しく伝えていたようで、本文中からは信玄が野田城を攻めるべく布陣していることを記すだけでなく、詳細は叶坊光播が述べるので「不細筆」と、細かいこと（具体的なこと）は筆にしないと断りを入れている。家康がここに書かなかった重要事項とは何だろうか。これはほかの一次史料に探し出せないが、信頼度の高い二次史料の中には気になる記述をしているものがある。武田方の『甲陽軍鑑』と、徳川方の『松平《まつだいら》記《き》』である。

信玄が射殺された？

この書状の日付である二月一六日は、二次史料では野田城方面にて、ある事件のあった

日とされている。

元和年間成立の武田遺臣の手による『甲陽軍鑑』品第三九に、「（三河長篠で武田軍が徳川家康と人質を交換した際に、）信玄公御《お》煩《わずらい》悪く御座候て二月十六日に御馬入、家康家・信長家誰人《たれびと》のさたに信玄公野田の城をせむるとて鉄炮にあたり死に給ふと沙汰仕る、みな虚言也《なり》」と伝わっている。

徳川・織田の陣中で、野田城を攻めている信玄が、鉄炮の銃撃を受けて死んでしまったという噂が広がったというのだ。

しかし『甲陽軍鑑』の作者はこれを「みな虚言」であると言い切っている。信玄は前々から体調を悪くしており、それがここで悪化したに過ぎないというのである。

次にもうひとつの二次史料を見てみよう。

慶長年間成立で「現在確認できるうちではもっとも早い成立の徳川創業史[76]」と評価される『松平記』巻四に、野田城を攻めている武田軍に城兵が応戦して、「信玄鉄炮にあたり給ふ」とあり、これを真実視する描写となっている。

こういう情報が敵味方の陣中で実際に広まったとしたら、どうなったであろう。徳川軍では、虚実どちらであるかを確認するより先に、家康の耳に入れられたことだろう。新鮮な情報への対応は、有事において重要だ。拙攻《せっこう》は巧遅《こうち》に勝るからだ。

家康にすれば、信玄が死んだとなると、この上ない吉報となる。しかしどうすればいいか。こちらから仕掛けたとして、万が一誤報であったら、三方ヶ原合戦の比にならない反撃を受けるだろう。

現在、信玄には将軍・足利義昭も味方している。自身はもちろん息子の松平信康、老臣の酒井《さかい》忠次《ただつぐ》や石川数正《いしかわかずまさ》たちの首は義昭の目にかけられて、敗者たる徳川家は逆賊の汚名を末代まで残すかもしれない。

そこで家康は考えただろう。謙信に動いてもらうのだ。

信玄の策謀で敵勢が挙兵した越中で戦っている謙信が、折を見て武田領の信濃を脅かしてくれれば、信玄の生死がはっきりと確かめられるに違いない。

ただし家康の使者が、謙信に「信玄が鉄炮に当たったかもしれない」という未確証の情報を伝える場合、書面に認めてしまうと確報と認識されてしまう恐れがある。もし誤伝であったなら、謙信からその不注意を咎められてしまうことになろう。だから、詳細を筆に記さず、使者を通して口頭で述べさせることにしたのだろう。

この時点では、謙信が信玄の死を信じた形跡がない。謙信も慎重に見たのであろう。信玄の計略である恐れもあるからだ。

英雄名将の死を惜しむ

事実がどうあれ信玄はもはや在陣できないほどの重態となり、同年四月一二日、帰国途中に死去した。野田の鉄炮騒動から二ヶ月近く経っているので、銃撃で致命傷を負った結果ではなく、もともとの病気が原因だろう。

伝承によると、信玄死去の確報を得た謙信は力を落とし、「信玄は、世に稀なる英雄名将なりしに、残多く情なき事なり」と数行の涙を落としたという（『太祖一代記』）。

余談ながら、その謙信が病気で亡くなった時、信長も「謙信死去の事、是非なき次第に候、道《てだて》（方策）を以て相果すべき候処、残り多く候」と、謙信の死を惜しむ声を漏らしている（『増補改訂織田信長文書の研究』七七四号文書）。

自分の手で倒せなかった強敵の死は、たとえどれだけ憎たらしく、恐ろしい相手であったとしても、胸のうちに言葉に尽くしがたい思いが寄せてくるのかもしれない。

一五七四年

【上杉謙信×後継体制】

なかなか御屋形様を指名しない御家の事情

——長尾顕景改め上杉景勝の誕生

上杉謙信は後継者を定めていなかったと言われることが多いのだが、謙信は家中の者が元服済みの後継者を残さずに急死したら、その遺領を没収するという掟をさだめていた。

その謙信が自身の後継者について何も考えていないとは考えにくい。

ここではその構想に迫ってみよう。

樺沢城跡のふもとにある御館の乱追悼碑

上杉謙信系図

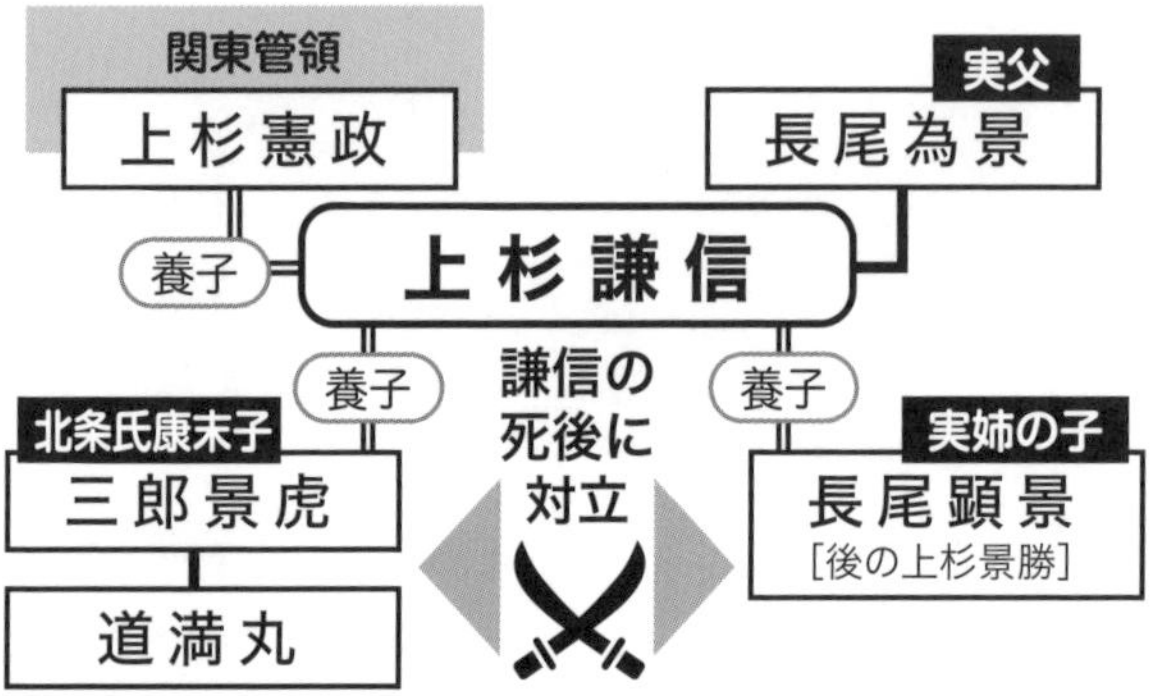

戦国時代の後継問題

越後の上杉家では、般若野合戦で多数の戦死者が出て、亡くなった当主の遺言書を捏造したり、あるいは本来なら当主になりそうにない幼い女子が跡目を相続するような大きな混乱が生じた。

このためであろう。「越後の国の仕置きでは、(後継者が)実の子であっても一五歳になっていなければ、知行を召し上げて、元服した後、功績次第で少しずつ知行を返していくのが上杉家の法であった[77]」と伝わっており、越後一国には家督相続というものを疎かにしてはいけないという意識が浸透していたようである。

俗に上杉謙信は家督相続者を指名していなかったと言われるが、謙信は後継者が年少であることを理由に急死した家臣・山吉豊守の知行を召し上げたり、またいつまでも独身でいる家臣の北条景広《きたじょうかげひろ》に婚姻の世話を焼いたりしていて、後継者の重要性を認識していた様子がうかがえる。

上杉謙信の体制変換

謙信は、後継者を誰にしようとしていたのか？

実はどうやらその時々によって方針を変えていたようである。

元亀元年（一五七〇）一二月、同年中に養子として北条氏康の末子である北条三郎(78)を迎えた謙信（当時は輝虎）は、有髪のまま入道となり、それまで「上杉輝虎」の俗名を名乗っていたが、ここに初めて「不識庵《ふしきあん》謙信」の法号に改めることにした。

東国武将が入道して法体となるのは、隠退の意思表示であることが多い。ゆえにこれは上杉家の家督を景虎に譲るポーズとして認められよう。

ただし話は少し複雑である。謙信は先立って実姉（仙洞院《せんとういん》）の子である「長尾顕景《あきかげ》」を養子に迎えていたのだ。

これは謙信がまだ「長尾景虎」を名乗っていて、自身が上杉一族となる未来を予想していなかった時期のことである。顕景は、越後長尾一族の通字「景」を実名の下に置いているので、自身の後継候補の筆頭として迎えていたと考えられる。

ところがここに長尾の主筋である上杉一族として景虎が入った。これは何を意味するのだろうか。この疑問は〝謙信が上杉家の家督をあまり重視していなかった〟と見ることで解決するのではないか。

謙信は、上杉憲政から譲られた関東管領《かんれい》・山内《やまのうち》上杉一族の家督を一代限りとして考えていたらしく、「名代職《みょうだいしょく》」を譲り受けたと述べていた（『上越市史』四二八号文書）。名誉職のひとつぐらいに認識していたであろう。

ゆえに次代には、顕景が長尾家惣領として越後一国を統治する体制に帰するつもりでいたと考えられる。

ところが相模の北条氏康・氏政父子と同盟を結ぶにあたり、自身をこの立場に押し上げてくれた関東諸士への義理を通すため、それまで謙信の上杉家継承を認めず「長尾」と呼び続けていた北条家らにこの継承を既成事実と認めさせるため、同盟の人質として送られた「北条三郎」を「上杉景虎」と名乗らせることにしたのである(79)。

ここに謙信は、越後守護代・長尾家の惣領としての実権を顕景に譲り、上杉家の名誉的称号は景虎に譲るつもりであったと考えられよう。

つまり、関東管領の職権と責任を放棄して、関東のことは関東に委ねることを望んだのである。

同床異夢の越相同盟破綻

謙信は北条家との越相同盟の中心に景虎を置き、これを両家の象徴的主人として奉戴する東国秩序の構築を企図していたのだろう（もちろんその上に古河公方《こがくぼう》足利義氏《よしうじ》がいる）。しかしその理想は果たされなかった。元亀二年（一五七一）一〇月に北条氏康が病死して、名実共に氏政の代になると、同盟は即座に破棄されてしまったからである。

原因は、謙信の消極性にあった。謙信は東国の争乱を回避して、西に目を向け直そうと考えていたが、北条氏康・氏政は、武田信玄の脅威に立ち向かうため、謙信と同盟した。だが謙信は武田家と戦う意欲を失っており、北条家から武田領への侵攻を要請されてもこれを回避し続けることで、北条家の信用を失ったのである。また、関東現地の諸将も越相同盟に反発して、東国での謙信の求心力は大きく減退しつつあった。

かくして上杉家と北条家は再び敵対することになった。謙信はその脅威を放置したまま西進は困難と考えたらしく、対北条戦を本格化する準備を整えなければならなくなった。

ここで謙信は、自身の後継体制を見直す必要に迫られた。氏政の弟である景虎は、なんと自国に戻らず、越後に残る決断をしていた。すでに妻子がいたこともあるだろうが、謙信や顕景と友好的関係があればこそで、景虎は相模から同行している側近たちと共に、越後上杉家の一員として骨を埋める覚悟であった。

上杉弾正少弼景勝の誕生

謙信にとって、景虎の決意は喜ばしいことであったが、これから北条侵攻を実行するにあたり、関東諸士の協力が必要不可欠である。だが、象徴的であったとしても後継者が景虎であることを彼らが面白く思うはずがない。

そこで苦肉の策として、長尾顕景を上杉一族に昇格することを考えたものと思われる。

顕景は山内上杉家の家臣・上田長尾一族の出身であるため、対北条の旗頭とするのに申し分なく、このまま景虎を後継者のひとりとするより関東諸士の理解を得やすい。

ここに長尾顕景の地位を改める計画が進められる。
まず、天正二年（一五七四）一二月、謙信が剃髪した。翌月三年（一五七五）正月、謙信の居城春日山《かすがやま》に越後国中の領主が集まった。この時謙信は頭を丸めたばかり。御屋形様の異相に家臣一同驚き入っただろう。家中一同の集まる場で、長尾顕景は謙信の意向により上杉景勝に名乗りを改め、さらに謙信が足利義輝の尽力によって授かった「弾正少弼《だんじょうしょうひつ》」の官途《かんと》を譲り渡した。年賀の挨拶は、越後上杉家の新体制を御披露目するイベントとして機能したのである（『上越市史』一二四一～二号文書）。

撰吉日良辰、改名字・官途、上杉弾正少弼与成之候、彼官途者、先　公方様江深忠信之心馳依有之、被仰立被下條条、不安可被思事、目出度候、恐々謹言、

正月拾一日　謙信〈花押〉

長尾喜平次殿

任今日吉日、改名乗、景勝与可然候、恐々謹言、

正月拾一日　謙信〈花押〉

上杉（景勝）弾正少弼殿

官途の移譲は、後継体制の明示で、これより謙信は弾正少弼入道として景勝を後見することになる。また、謙信が景虎を養子に迎えた頃から、家中において「御屋形《おやかた》様」の尊称は「御実城[80]様」へと変化していた。現役の大名ではなく、後見人の呼び名に改まっていたのだが、景虎も顕景も「御屋形」の称号を得てはいなかった。だが顕景が景勝になると、その尊称が「御中城」へと改められた。

前例のない呼び名で、ゆくゆくは景勝を次の御実城の称号を継承することを示すようである。意図的に屋形号を避けたということを、重要視すべきだろう。

ここから類推できるのは、謙信は景勝を次の屋形とするつもりがなかったことで、さらに言えば景虎の合意を得るため、屋形の地位を景虎の嫡男「道満丸《どうまんまる》」が長じた時に継承させるつもりだったのではないかということである。

武田勝頼が「陣代」であったとする説があるように、景勝の地位も道満丸の陣代[81]であり、実権はほとんど景勝に譲られる流れにあったと見られるのではないか。大将としても為政者としてもなんら育成された形跡のない景虎は、景勝・道満丸体制を穏やかに見守ることで、その尊厳を損なうことなく、将来を保証されていたのであろう。

道満丸が無事に成人したら、そこでこの少年は「御屋形様」と呼ばれるようになり、もし謙信がこの世になかったら、景勝が「御実城様」としてこれを補佐したであろう。しかし不幸にも謙信が四九歳で急死してしまったため、こうした構想は一睡の夢として消えてしまったのである。

一五七七年

【武田勝頼×上杉景勝×菊姫】

一睡の夢に消えた真・三国同盟

——勝頼と景勝の同盟は既定路線だった

戦国時代の同盟には、政略結婚がつきものである。

ここでは越後の上杉景勝と、甲斐の武田勝頼の妹である菊姫の縁談が、いかにして成立したかについて考えてみたい。

上杉謙信はその生前中、景勝と菊姫の婚姻を望んでいた——。

甲斐大和駅の武田勝頼像

もし謙信があと数年延命すれば

天正五年（一五七七）九月、上杉軍が手取川合戦で天下の織田軍を追払い、上杉謙信は越後から越中・能登・加賀半国までの北陸制圧を果たした。そして「（織田信長は）案外手弱いようだ。この分なら天下までの道に不安もなかろう」と豪語した。[82] 最晩年の謙信は「天下までの道」すなわち率兵上洛を考えていたようである。

しかし、謙信に残された時間は残りわずかだった。

天正六年（一五七八）三月、上杉軍が上洛戦の準備を整えている最中、急病に倒れるなり、そのまま帰らぬ人となったのだ。享年四九であった。

もし謙信があと数年ほど健康であったなら、天下はどのような運命を迎えたであろうか。

ここではそれを想像してみたい。そのためにまずは史実の上杉家を見てみよう。

キーマンは、上杉景勝と菊姫である。

御館の乱と武田勝頼

謙信が病没すると、養子の上杉景虎と上杉景勝は、跡目を巡って争った。「御館《おたて》の乱」である。はじめ景虎は会津の蘆名家、実家である関東の北条家、ならびにその同盟国である甲斐の武田家らを味方につけ、景勝を孤立無援の窮地に追い込んだ。ここまで戦略は優秀で、まさに一級だった。だが、景勝はなりふり構わない動きで、軍事・調略・外交の逆境を覆していく。翌年三月、追い詰められた景虎は自害――。景勝の辛勝に終わったのだ。

その勝因をふたつほど挙げるなら、北条からの援軍が越後に迫るのを食い止めたことと、武田軍を味方に引き入れたことにあろう。

景勝は、最前線の武将たちに的確な指示を飛ばして、北条軍の侵攻を食い止めた。さらに途方もない外交努力によって、敵となるはずの武田勝頼と「甲越《こうえつ》同盟」を結んだ。尋常ならざる離れ業である。景勝の力量と武運は破格級だった。

ところで勝頼は、景勝と交渉した際に、自らの妹を景勝の正室とする約束を結んでいる。親しい身内を相手に嫁がせるのはある意味、人質を差し出すのに等しい。これでは景勝優位の関係とすらいえる。なぜこんな交渉ができたのか?

そもそも勝頼は、同盟国の氏政の要請で、越後の景勝を攻め、景虎を救援するため越後介入に動いた。しかし同年六月、勝頼の先手を担う武田信豊の陣中に、景勝からの使者が訪れる。ここで和睦交渉が進められた。普通ならこんな使者は斬り捨てられてもおかしくない。武田家に出陣を要請した北条氏政は、景勝の討滅を望んでいたからである。

だが、信豊は使者を受け入れ、対話に応じた。一応その交渉は「景虎・景勝」の「和親」を目的に進められた。同月下旬までに事態を聞いた勝頼は、信豊の判断を「勝手なことを！」と叱ったりせず、それどころか景勝の家臣に返書を送り、交渉を順調に進ませた。景虎にも景勝と仲良くするよう使者を派遣したが返事はなかった。そこで勝頼は景勝とだけ交渉することにして、八月一九日、景勝に最終的な結論を記す起請文を書き送った。

そこでは、景勝が景虎と和平を結ぶことを約束してくれたら、北条軍の越後侵攻を目的とする信濃入りを阻止することと、景勝と「縁段《(談)》」を進めることと、景勝を最優先に考えて関係を深めていくことが誓約されていた。

ここで、景勝と勝頼の「甲越同盟」および菊姫の縁談が固められたのである。ただし、もし景勝が景虎に理由もなく攻撃すれば、どちらにも味方しないとも書いている。念入りの一文だが、これを見たら北条も激怒しかねないぐらい景勝に有利な誓いであった。しか

も この後、勝頼は、北条が越後に入るため信濃へ進むのを妨害するような動きを見せており、景勝支援といって差し支えない態度を示した。

武田勝頼の不思議な決断

これらの不可解な動きは、勝頼を愚将と評する一因となっている。しかしどれも、それほど突飛な判断ではない。勝頼は謙信生前に上杉家と和睦していた。この関係をこれからも保とうとしたに過ぎない。また、勝頼は、双方の実力を照らし合わせ、今後政権を運用する能力は景勝の方が秀でていると判断したのだろう。

勝頼が何より期待するのは、上杉家が謙信以来の対織田路線を継承してくれることで、この点から景勝に見込みアリと見たに違いない。

結局、景勝は景虎と和睦するどころか、交戦を再開することになる。やがて冬が来て、それまで景勝の家臣に足止めされていた北条軍は作戦遂行を中止。こうして兵数の少ない景虎は孤立して、追い詰められていく。

翌年(一五七九)三月、景勝は景虎を攻め滅ぼした。この前後で北条家と武田家の関係は急速に悪化し、武田は北条と手切れを覚悟して、国境に多数の要害を構築し始める。

それから半年ほど経過した九月から一〇月、勝頼は自身の妹・菊姫《きくひめ》を景勝に嫁がせた。景勝二五歳、菊姫二二歳。ここに「甲越同盟」は内実を得たのだ。縁組の話し合いが進められてから一年以上経過しての祝言であった。

なぜこんなに時間が延びたのかは不明である。景勝は三月に上杉景虎が自害する形で御館の乱を乗り切っており、それから約半年後のことなので、上杉家の都合であろう。一方、武田家はこの八月に北条家との対立関係が深刻化し、九月に全面戦争と化している。同じ頃、三河では徳川家康が嫡男・信康を自害させる事件が起きた。菊姫の祝言は、このように東国情勢が切迫する最中に行なわれた。

景勝と菊姫の急な婚約

それにしても景勝と菊姫――こんな適齢期のふたりが都合よく未婚のままでいたものだ。菊姫の婚姻が決まったのは二一歳で、上級武士の娘としては少し遅い婚姻である。

元亀元年（一五七〇）秋過ぎ、一三歳の菊姫は、実は伊勢一向一揆を主導する願証寺《がんしょうじ》の幼い僧侶・佐堯顕心《さぎょうけんしん》（顕忍《けんしん》とも。証意《しょうに》幼息との説あり）と婚約していたとも言われている。だが、信玄生前中にこの婚約は破談となった。

また、その後佐堯は、織田軍に殺害あるいは自害を余儀なくされた。まだ少女だった菊姫はここに元婚約者を失ったのである。

勝頼と菊姫は、兄妹揃って織田に対する鬱屈の感情を抱いていたことであろう。それは武田家臣たちも同じである。だから、勝頼の外交判断に異を唱えて諫める者は現れなかったのだろう。

上杉謙信の秘策と勝頼

さて、ここで考えられることがある。ひょっとすると、生前の謙信はまだ独身である景勝と、当時の適齢期を過ぎようとする勝頼の妹を娶《めあわ》せる秘策を考えていたのではないか。

手取川以後の謙信は、全てを上洛作戦に費やすつもりでいただろう。率兵上洛を挙行して京都に足利幕府の秩序を回復させるのは、謙信が長年抱き続けてきた宿願である。若い頃、同様の方針で動いたことがあったが、準備と実力の不足から戦略が破綻してしまった（拙著『謙信越山』を参照）。

今回の敵は、あの織田信長である。万全の態勢で挑まなければ、どこで足を引っ張られるかわからない。実際、信長はすでに本庄繁長や伊達輝宗《てるむね》に、謙信を裏切ってその動きを妨害することを期待していた。信長は謙信上洛を阻止するためなら、何でもやるに違いない。また、関東管領名代でもある謙信は、関東の武将たちから援軍を請われれば、立場上これを見捨てることができない。

まずは足元を固めなければならない。そこで東国の大名を見渡すと、武田勝頼がいた。勝頼と謙信は和睦を果たしていたため、ここ数年は平穏である。武田家と北条家は堅固な同盟関係にある。謙信にすれば、勝頼と協調しない理由はない。北条家も関東の領土が欲しいというより、敵対する大名の駆除のために抗争を繰り返している。武田を通して、話し合いの機会を設けてもらえれば、越後と甲斐と相模の三家和合も可能だと考えたのではないだろうか。

そして、そのためには「天下一之軍士《ぐんし》」を擁する上杉家と武田家の関係を明確な軍事同盟に更新するのが理想であり、親類家族の仲となるのが望ましい。

謙信は北条家と断交して久しいが、武田家と北条家は親密な同盟関係にある。武田と和すれば、北条とも交渉の余地が生まれる。上杉家には北条出身の景虎もいるのだ。

これらを複合的に見るならば、謙信が武田家に景勝と菊姫の婚姻を打診していたとしても不自然ではない。むしろそう考えることで、勝頼の偏った動きに相応の合理性があったものと理解することもできる。

つまり景勝と菊姫の婚姻は、謙信生前からの既定路線で、謙信亡き後も武田家中では、甲相越の三国同盟を理想のシナリオとして認めていたと仮定できるのである。それならば、景勝の使者を武田信豊が受け入れたこと、武田が上杉に過剰な肩入れをしていたこと、また菊姫の輿入れが一年以上延長することになっても破綻しなかったことが理解できてくる。

謙信が決めた縁組

これらの推測は、実はある文献にある記述に基づいている。

近世前期に成立した『管窺武鑑《かんきぶかん》』という軍記がある。謙信・景勝家臣の息子が書いたもので、その内容は実否不明の伝聞や誤記も多いが、元禄頃に増産された軍記類より参考となるもので、また不正確な情報についても、なぜそうした記録が書き残されたのかを考える余地がある。この第一巻に、次の記述がある。


【意訳】

天正五年（一五七七）、上杉謙信公は越前北庄《きたのしょう》まで焼き払い、来年、天下へ遠征するので計画を打ち合わせする時、謙信公より勝頼公との和睦が進められ、翌年（一五七八）正月に話が整い、勝頼の妹を景勝の室にすることが約束された。その三月謙信公が逝去された後、景虎殿と景勝の間に抗争が起こったので（縁談は）延引し、その翌七年（一五七九）七月に油川《あぶらかわ》殿の娘・御菊御料人《ごりょうにん》［仁科《にしな》五郎殿と同母］が越後へ御輿入れとなった

【原文】

天正五年輝虎公越前北庄まで焼詰め、来年貴下発向御内試の時、又輝虎公より勝頼公への縉あつて、翌年正月相調ひ、勝頼の妹を景勝の室にと約束、其三月謙信公逝去の後、三郎殿と景勝取合起り候故延引し、其翌年天正七卯七月、油川殿腹の御菊御料人［仁科五郎殿と一腹］越後へ御輿入なり。

この記述は、独自の情報源に取材した記録として一考の余地がある。

もしこの通り景勝と菊姫の縁談が謙信の意向によるものなら、この時上杉謙信が何を考えていたのかを想像することができる。

上洛作戦が成功すれば

おそらくこの婚姻をもって、謙信は武田との軍事同盟を締結して、北条との和睦を取り持ってもらい、「真・三国同盟」とも呼ぶべき越後・甲斐・相模の軍事同盟を形成し、関東の争乱を落ち着けて、一挙に上洛するつもりでいたのだろう。天正三年（一五七五）の謙信書状で「越・甲可被遂御和内々落着」と記されているように、謙信と勝頼は秘密裏に講和していた（『上越市史』一二七二号文書）。しかも勝頼はほどなくして氏政の妹を娶っており、「三和」の道が開けていた。武田軍と上杉軍が共同して西上作戦を実行すれば、織田政権の瓦解も起こりうる。

無事に京都を占領できたら、謙信は進撃を停止するだろう。そして「二条御所に足利義昭公をお迎えする」と宣言して、毛利家にいる将軍の帰洛を求めるに違いない。

信長が降伏するか自害するかはわからないが、狭量な義昭が許すはずもないのは見えているので、華々しく散る道を選ぶのではなかろうか。その後謙信と義昭は、天下再興と称して、幕政の立て直しを図るであろう。しかし、謙信は義昭が信玄の挙兵に乗って、信長と争った時は、盟友・信長に味方して将軍と距離を置いた。佞臣《ねいしん》に乗せられる将軍の器量には首を傾げる思いがあったのだ[83]。

かつて謙信は義昭の兄である足利義輝にも「(将軍様の)御側近には、その身に相応しくない不義の方もたくさんいます」と苦言を申し上げたことがある(『上越市史』一九三号文書)。こんな直情型の謙信と、非寛容な義昭が果たして上手くやっていけるだろうか。この点、微妙に疑問である。

それでも計画が万事順調にいけば、五〇歳を過ぎた謙信は折を見て、かねてからの願い通り隠居したことだろう。

その際、上杉景勝は越後の大名として菊姫と在京。上杉景虎は上杉憲政と上野へ移り、そこで新たな関東管領として上杉・武田・北条の関係を調整。そして謙信当人は越後に帰り、景虎の嫡男・道満丸を膝に抱きながら、読経と座禅の日々を過ごす——。

こうした未来を思い描いていたのではないだろうか。

史実の謙信は、天正六年(一五七八)三月に倒れた。差し迫る死を前にして、果たせぬ夢に未練を覚え、「四十九年一睡夢、一期栄華一盃酒[84]」と、辞世の詩を詠み残したのかもしれない。

一五七九年

【上杉景虎×御館の乱】

他国の力を利用しても傀儡政権にはならない

——三郎景虎が勝利するシナリオ

越後は跡目争いに勝利した上杉景勝の分国となり、御家の命脈を後世に残すことができた。

しかし、もしも御館の乱で上杉景虎が勝利していたら、どうなっていたであろうか。

ここではその「もしも」について考えてみたい。

勝福寺の上杉景虎像

御館の乱勃発する

天正六年（一五七八）三月一三日、上杉謙信が亡くなった。そのすぐ後、後継者となった初心者マークの上杉景勝に、最初の試練が訪れる。難易度はそれほど高くない。会津から蘆名《あしな》止々斎（盛氏《もりうじ》）の手の者が軽く侵攻を企てただけのことだ。だが景勝は、適切に即応しようと周辺地域から人質を集める三条城主・神余親綱《かなまりちかつな》を「勝手なことをした」と思い込み、厳しく叱責してしまう。初っ端からのファンブルだった。

怒りに震える親綱は、栃尾《とちお》城主・本庄秀綱《ひでつな》、そして御館城主・上杉憲政と一緒に、反乱を決行した。五月五日、「大場《おおば》」の地にて、上杉景勝の拠点・春日山城の軍勢と、反乱軍の拠点である御館《おたて》城の軍勢が激突する。これには辛うじて景勝が勝利した。だがその先の御館城は謙信時代から堅固に作られており、その義父だった憲政がいるので、さすがに景勝もこれ以上攻められずにいたようだ。

そこへ大きな悲劇が引き寄せられる。五月一三日夜、景勝義兄の上杉景虎が、御館城へ出奔したのだ。景虎は反乱軍の旗頭として、大いに歓待された。景虎が景勝を見限った理由は定かではない。この問題を、反乱軍の側に義ありと見たのだろう。ここに「御館の乱」が勃発する。(85)

景虎が御館城に入ると、反乱軍に味方する者が続出した。五月一六日に、信濃の桃井義孝《もものいよしたか》・堀江宗親《むねちか》らが連れた軍勢は圧倒的であった。これを見た景虎は即決する。その翌日、春日山城を一気に制圧すべしと、桃井らを進軍させたのだ。

御館軍、春日山城強襲す

景勝から離反する者が増えている今こそチャンスである。一七日、景勝たちに余裕を持たせる時間を与えず、春日山城を強襲させた。大将は桃井義孝。春日山城の兵数は不明だが、かなりの少数だったらしい。一方、御館軍の兵数は五〜六〇〇〇だったと伝わっている。これがもし成功していたら、大寧寺の変や本能寺の変クラスの一大事件になっただろう。ただ、景勝が籠るのは、大内義隆の大内館や、織田信長の本能寺と違って、謙信が生涯を費やして防御力を高めた山城の本丸である。いきなりの強襲にもかかわらず、景勝は慎重に防戦して、桃井らを返り討ちにした。景虎が頼みとする義孝はここに戦死する。

クーデターに失敗したも同然の景虎は、ここで自前の軍事力の不足を埋め合わせる策を練る。関東には、実家の相模北条家がある。

景虎は北条の傀儡になるのか

その後、景虎は兄の北条氏政に援軍を頼むことにした。初戦の春日山強襲で、想定外の敗北を喫し、御館軍の主力をほぼ喪失する事態に陥ったためである。せっかく集まった切り札を使ってしまったのだから、どうこうと言ってはいられない。

援軍の要請を聞いて驚いたのは北条氏政と、その弟たちだった。寝耳に水だったからだ。彼らは五月下旬から常陸の佐竹ら反北条派の軍勢と争っている最中で、末弟の景虎の救援に赴ける状況になかった。かつて謙信が何度も越えてきた三国峠の方角を遠望して、もっと早く連絡してくれていたら、あるいはもっと慎重にいてくれたら——と煩悶《はんもん》し、詮《せん》なきことと歯噛みする思いだっただろう。

そこで甲斐の武田勝頼に越後への進軍を依頼した。まさか勝頼が景勝と密約を結ぶことになろうとは、この時予想していなかった。

ちなみに「景虎は北条と武田の援軍を期待して決起したのだ」と言われることがある。

また、「もし景虎が景勝に勝利していたら、越後は北条の属国になっていた」とも言われている。しかし、それはどうだろうか。

景虎の遠謀深慮

景虎の作戦、調略、外交は普通に考えて、ここまで堅実無比であった。春日山周辺の領主はほとんど御館軍に与しており、その他の要所も景虎派を表明する者が多数である。周辺国も大半が自分の味方だ。

問題は、武運の悪さとタイミングの悪さだけである。だが、それが致命傷となった。そもそもタイミングがズレたのは、景虎が遺漏なく戦略を整えていたことにある。

例えば、春日山強襲の少し前、景虎は関東の由良家に「家督は私に参りました」と連絡した。北条家を介することなく、自分から上杉家の当主となることを連絡したのだから、実家である北条の意向や支援も構わず、すでに独立外交を果たしていることになる。

速やかに春日山城を落とし、景勝を討ち取ったあと、北条家からの介入を最低限に抑えるため、大名としての独立を保つ既成事実を作ろうとしていたとも言えよう。景虎は、戦後の政治情勢もはじめから視野に入れていたわけである。

景虎には、北条の傀儡になるつもりなどなかった。謙信の後継者として、その実権だけでなく、遺風まで堂々受け継ぎ、天下に勇名を轟かせる意思があったのだろう。そこには景虎なりの理念があっただろう。

仮にもし景虎が平凡であったなら、桃井義孝や堀江宗親らが集まったところで、景勝を圧迫する環境を変えることなく、自分たちは保身に努め、さっさと北条や武田に依存する戦略に切り替えたことだろう。あるいは織田信長に援軍を頼むという手もあったが、それはさすがに景虎も最後までしなかった。

だが、景虎は謙信と義で結ばれた家族である。上杉家がそのような不名誉な存命術を使って生きながらえたとしても、得るものより、失うものの方が大きいと思ったのだろう。

ここで武田方の記録がある。

【意訳】

景虎殿は、景勝に負けてしまわれたので、小田原の北条氏政から甲斐の武田勝頼公へ御使者があり、「急ぎ景虎を助け、景勝を退治してもらいたい」（と要請があった）

【原文】(『甲陽軍鑑』品第五四)

三郎殿、既に景勝に負給《まけ》ふにより、小田原北条氏政より、甲州勝頼公へ御使いあり、早々三郎殿をすけ、景勝を退治被成候へと、

武田家臣は、景虎は景勝に戦いを挑み、敗北したため北条に支援を頼んだと認識していたようである。景虎は北条の軍事力を当てにすることなく、単独で決起した。景虎には謙信の忠臣だった者たちが大勢味方している。彼らはのちに水原親憲が述懐したように「今日死ぬか明日死ぬか」という苦しい合戦を繰り返してきた歴戦の武士である。彼らが自力で戦うことよりも、他国からの介入に依存して勝利することを望むとは思われない。

御館軍の敗北

甲斐から進軍した武田勝頼は、上杉景勝に味方することにした。関東の北条氏照《うじてる》は、三国峠を越えて越後まで突き進んだが、景勝の実家である坂戸《さかと》城を攻め落とせないでいるうちに、雪が降り始めた。謙信ですら克服できなかった雪景色が戦場を白く染めていく。こ

のままでは全員、餓死するか凍死するしかない。氏照は引き返すほかなかった。

孤立した御館城は、雪解け前に兵粮が尽き始め、雑兵たちの逃亡が相次いだ。越後各所の反乱軍は、景勝陣営の武力と威迫に屈していく。勝てるはずの戦いが敗れたのだ。

この頃、景虎は家臣たちに兵種別の軍役編成を整え、兵数を整えるための司令書を書き送っている。その狙いは明白である。謙信が愛用した「自身太刀打ち」戦法（味方の諸隊で敵の諸隊を足止めして、総大将自らが手勢を率いて敵本陣を強襲する作戦――いわゆる車懸り戦法）のための準備であった。[86]

景虎は、相模広正《ひろまさ》の脇差[87]を始め、謙信から拝領していたであろう名刀を振るい、景勝と一騎討ちを挑む意思があったのかもしれない。景虎にはある逸話がある。

謙信が、鉄炮を使って八人を倒した陪臣の中条半蔵《なかじょうはんぞう》と、小太刀を使って七人を討ち取った陪臣の浄真《じょうしん》を等しく褒賞した時、景虎は謙信御前において、「遠距離の鉄炮より、白兵戦を行なった者の方が稀代の名誉だ[88]」と述べたという（『松隣夜話』巻之下）。

謙信の前でこのように豪語するほどだから、白兵戦を好む決起盛んな人物だったのだろう。しかしその謙信から「武器は得意なものを扱えばよい。討たれる者が、遠距離で死ぬのは嫌だからと言って助かるものではないぞ。刀より脇差が手柄になるわけでもあるまい。

侍なら言葉には気をつけよ」と睨まれたという。

もし景勝と一騎討ちになれば、景虎はいい勝負をしたかもしれない。

景虎の敗北と景勝の嗚咽

しかし兵員は集まらなかった。これでは「自身太刀打ち」を実行できない。天正七年（一五七九）三月、景虎は御館城を落ち延びて、鮫ケ尾城《さめがお》へ移る。堀江宗親の居城である。

そこで景虎は自刃して、御館の乱も終局を迎えていく。景虎の正室で景勝の姉である女性と九歳の道満丸は御館落城に際して心中したとも殺害されたとも伝わっている。

景勝は生前、義兄の「三郎と交好《まじわりよ》し」(89)だったという。その首級を改めて目の前に運び込まれ、後悔の念を漏らし、落涙したと伝える軍記がある。(90)文献上、景勝が人前で涙を流す描写は管見の限りこれだけである。御館の乱では、実母・仙洞院《せんとういん》も姉も景虎の側についていた。その胸中は計り知れない。以後、景勝は寡黙を通し、人に笑顔を見せることはほとんどなかったという。

一五八二年

【惟任（明智）光秀×山崎合戦】

織田家唯一の軍法が明暗を分けた

——光秀が信長に勝ち、秀吉に負けた理由

惟任光秀はなぜ本能寺の変を起こしたのか。どうして山崎合戦であえなく惨敗してしまったのか。

どちらも大名として光秀が推し進めていた分国の軍事改革が一因となっているように思う。大義なき野心が招いた勝利と、敗北の原因を見ていこう。

山崎古戦場跡

領主別編成から兵種別編成への移行

本能寺の変を起こすちょうど一年前、明智こと惟任《これとう》光秀は家中の軍法（軍制）を定めた。歴史学界で「明智光秀家中軍法」（御霊神社所蔵）と呼ばれている史料で、「織田政権に伝来する唯一の軍法」と評価されている。(91) 実際のところ織田政権でほかに軍法の史料は認められず、独自の軍制を有していた形跡も見られない。

ちなみに細かいことを言うと、光秀はこの時期すでに明智を使わなくなっていて、惟任と名乗って久しいので、「惟任光秀家中軍法」と呼ぶべきだと思う。

それは置いておいて、軍法の内容に触れていこう。

光秀の軍法は一枚の紙に書かれており、書物ほどの長さではないのだが、それでも結構な長文である。したがって、まずは要点だけを簡単に説明したい。

戦国時代の軍事史および光秀の実態を見るのに、この史料はかなり重要なのだ。

光秀軍法の前部は、史料用語で言うところの「軍役定書《ぐんやくさだめがき》」の様式に近い。

軍役定書とは、「あなたは鉄炮を二挺《ちょう》、弓矢を三張《ちょう》、長柄鎗を六本《ほん》、縦長の旗を五本《ほん》、そして騎馬武者を一騎《き》、揃えて来なさい」という具合に、家中の組織または部下たちに、従軍時の武装内容と動員人数を指定するものである。「着到定書《ちゃくとうさだめがき》」とも称される。

軍役定書が登場する以前、大名や大将は、部下や味方の侍たちに「しっかり人数を連れてきてほしい」と催促する程度であったが、やがて「一〇騎連れてきてくるように」と人数を指定するようになり、戦国時代の後半から、このような指示をする大名が現れるようになったとされている。軍役の規定が具体化する流れは、領主別編成から兵種別編成（兵科別編成）への移行と説明されている。(92)

軍役定書を発する先進的大名たち

戦国時代の軍役定書は、上杉謙信、武田信玄、北条氏康・氏政らの時代の東国で初めて生まれた。基本的には、旗本（馬廻）に新規取り立てされる武士に発せられており、軍役史料が登場する以前は、大名の側近衆が直属の武士たちに口頭でこれを個別に伝え、武装内容と動員人数を整えていたと思われる。

こうすることで、それまで何となく臨時で作られることの多かった鉄砲隊や鑓隊を、五の倍数単位の人数で揃えて、計画的に編成することで、様々な兵種を常用する体制を整えたかったのだろう。そして欠員補充や単純な増員により、武士を旗本に取り立てる時、決められた軍役をしかと守ることを明文化したのである。

日本の武士たちは、謙信・信玄の頃から幕末まで、こうした軍役の様式を使い続けた。小旗・鉄炮・弓・長柄（長鑓）・騎馬の五種類の兵種からなる諸隊が作られ、これを大名が機能的に直接指揮下に置いていたのである。

光秀の時代まで、軍役の具体的指示書を発していたのは、これら東国三大名家以外に認められていないが、豊臣秀吉の時代になると、どこの大名も当たり前に同じ様式の軍役を定めるようになっていった。(93) 惟任（明智）光秀は東国で流行する軍隊編成を畿内でいち早く取り入れようとした。その証跡が「明智光秀家中軍法」なのである。

光秀が言う「瓦礫沈淪」の意味

その武装と人数の内訳は後述するとして、ここではとりあえず最後の文章を紹介する。

【意訳】

右のとおり軍役を設定した。まだ改善点があれば何でも指摘せよ。武装と人数が知行に合わないなら修正する。そうすることで愚案の問題点を明らかにする。集まる者たちが外見をきにせず、割れた瓦も同然でいると、ただでさえ莫大な人数を預けられているのだから「法度が行き渡っていない」、「武功もない輩」、「国費のムダ」だと見下され、多方で苦労させられよう。粉骨して武功を立てれば、必ずすぐに信長様へ報せるので、家中軍法をこのように定める。

【原文】

右、軍役雖定置（②）、猶至相嗜者、寸志も不黙止、併不叶其分際者、相構而可加思慮、然而顕愚案（③）条々、雖顧外見、既被召出瓦礫沈淪（①）之輩、剰莫太御人数被預下上者、未糺之法度、且武勇無功之族、且国家之費頗似掠　公務、云袷云拾存其嘲、対面々重苦労訖、所詮、於出群抜萃粉骨者、速可伝達　上聞者也、仍家中軍法如件、

天正九年六月二日　日向守光秀〈花押〉

この軍法についての私見は、拙著『戦う大名行列』（ベスト新書、二〇一八・SYNCH

RONOUS BOOKS、二〇二二）と『信長を操り、見限った男 光秀』（河出書房新社、二〇一九）に細かく書いたが、ここでその内容を補足説明していこう。

①に見える「瓦礫沈淪《がれきちんりん》」の字句は、光秀研究において有名だ。通説はこれを「私光秀は石ころのような身分でいたのを（信長様に）拾われましたが」、または末尾の文章に接続して「だからお前たちの活躍もしっかり報告して出世できるぞ」と言いきかせるための前置きのように説明してきたが、そうではないだろう。

引用文の冒頭②を読み返してもらうとわかることだが、「右、軍役定め置くといえども」とあるように、ここにあるテキストは「軍役（動員の制度）」に関する内容である。するとこの「瓦礫沈淪」は、あくまでこの右の八条目から一八条目までの「軍役」に補足する一文として読むべきだろう。

自分の部下たちに読んで従わせる公式の軍制に、私的な情緒や体験を述べるのは不自然だ。光秀は信長から「あなたの手紙の内容は具体的で、目に見えるようにわかりやすい」と誉められたこともあるほど、テキストの扱いが的確である（『増訂織田信長文書の研究』四六三号）[94]。相手にわかりやすくズバリというタイプなのだ。

ここは「わが惟任軍が、バラバラになった瓦礫みたいになってみっともないのはよろしくない」という文意で読み、あくまで軍制に関する内容を記しているとするのがよいのではないだろうか。[95]

ここに家中軍法の原文全文を掲載しておく。

「明智光秀家中軍法」天正九年六月二日付［前田氏所蔵文書］

【原文】（堀新「明智光秀「家中軍法」をめぐって」／山本博文編『法令・人事から見た近世政策決定システムの研究』東京大学史料編纂所、二〇一五より。一部補訂）

定　条々

一、武者於備場、役者之外、諸卒高声并雑談停止事、付、懸り口、其手賦、鯨波以下、可応下知事、

一、魁之人数相備差図候所、籏本待（侍）着可随下知、但依其所、為先手可相計、付、者兼而可申聞事、

一、自分之人数、其手々々相揃、前後可召具事、付、鉄炮・鑓・指物・のほり・甲立・雑卒ニ至てハ、置所法度のことくたるへき事、

一、武者をし（押）の時、馬乗あとにへたゝるニをいてハ、不慮之動有之といふとも、手前

当用ニ不可相立、太以無所存之至也、早可没収領知、付、依時儀可加成敗事、

一、籏本先手、其たんゝゝ（段々）の備定置上者、足軽懸合之一戦有之といふとも、普可相守下知、若猥之族あらハ、不寄仁不肖、忽可加成敗事、付、虎口之使眼前雖為、手前申聞趣相違、可及返答、縦蹈其場雖遂無比類高名、法度をそむくその科、更不可相遁事、

一、或動或陣替之時、号陣取ぬけかけに遣士卒事、堅令停止訖、至其所見計可相定事、但、兼而より可申付子細あらハ、可為仁着事、［付、陣払禁制事］

一、陣夫荷物軽量、京都仕度之器物三斗、但、遼遠之夫役にをいてハ、可為弐斗五升、其糧一人付て一日ニ八合宛、従領主可下行事、

一、軍役人数百石ニ六人、多少可准之事、

一、百石与百五拾石之内、甲一羽・馬一疋・指物一本・鑓一本事、

一、百五拾石与弐百石之内、甲一羽・馬一疋・指物一本・鑓二本事、

一、弐百石与参百石之内、甲一羽・馬一疋・指物二本・鑓二本事、

一、三百石与四百石之内、甲一羽・馬一疋・指物三本・鑓参（三）本・のほり（幟）一本・鉄炮一挺事、

一、四百石与五百石之内、甲一羽・馬一疋・指物四本・鑓四本・のほり一本・鉄炮一挺事、

一、五百石与六百石之内、甲二羽・馬二疋・指物五本・鑓五本・のほり一本・鉄炮二挺事、

一、六百石与七百石之内、甲二羽・馬二疋・指物六本・鑓六本・のほり一本・鉄炮三挺事、

一、七百石与八百石之内、甲三羽・馬三疋・指物七本・鑓七本・のほり一本・鉄炮三挺事、

一、八百石与九百石之内、甲四羽・馬四疋・指物八本・鑓八本・のほり一本・鉄炮四挺事、

一、千石ニ甲五羽・馬五疋・指物拾本・鑓拾本・のほり弐本・鉄炮五挺事、付、馬乗一人之者着到可准弐人宛事、

右、軍役雖定置、猶至相嗜者、寸志も不黙止、併不叶其分際者、相構而可加思慮、然而顕愚案条々、雖顧外見、既被召出瓦礫沈淪之輩、剰莫太（大）御人数被預下上者、未

糺之法度、且武勇無功之族、且国家之費、頗似掠　公務、云給云拾（恰）存其嘲、対面々
重苦労訖、所詮、於出群抜萃粉骨者、速可伝達　上聞者也、仍家中軍法如件、

天正九年六月二日　　　　　　日向守光秀〈花押〉

光秀の独創

そもそも「瓦礫沈淪」を説かれているのは誰であろう、光秀の家中に入ったばかりの新参者たちである。光秀は天正八年（一五八〇）に信長から丹波一国を与えられた。光秀の兵員はここで爆増した。これら莫大な人数を個別に指導している余裕はない。手早く統制する必要がある。

そこで光秀は、軍制を整え直すにあたり、家中軍法を制定することにしたのだろう。

光秀が苦楽を共にした古参の者たちに「俺は若い頃から苦労したけれど、信長さまのおかげでここまで大きくなったよ」というなら感涙されるかもしれないが、征服されてその麾下に入ることになったばかりの丹波の侍たちにすれば、「あー、そうですか、よかったですねー」と呆れる思いがするだけだ。当時から人心掌握術に定評のあった光秀が、そんな馬鹿なことをするわけがない。甘い昔話をして情緒に訴えるより、「お前たちが石ころ

みたいにバラバラでいたら、恥ずかしいことになるんだぞ」と厳しく言い聞かせる方が現実的である。しかもこの軍法は、織田家にとって画期的なものだった。

「織田政権唯一の軍法」と読み解ける一文

それは光秀がこの軍制について、③「愚案」と述べているところにある。これが光秀の独創であることがわかる。しかも家中に疑問があったら遠慮なく意見するよう厳しく言い聞かせていることからもこの軍法ができたばかりの不安定な試作品であることは間違いない。

他国ではこれに遡ること四年前、相模の北条家も冒頭に「今度之陣一廻之定（今回の出陣一度だけの決まり）」と、一度だけの軍役を丁寧に細かく定めた（『戦国遺文 後北条氏編』一九二三号文書）。光秀の軍法同様、これもまた試作の軍役だった。

当時、数千もの兵員の武装と配置を細かく定めて、部隊を再編するのは最先端の軍制であった。そしてこれらは単なる思いつきで創出されたのではなく、実際に有用性が実証されていたからこそ、採用が検討されたと見るべきである。

これは私が各所で紹介している上杉謙信が武田信玄を相手に実用した「車懸りの行《てだて》」と通称される編成と用兵である。[96] 謙信は、遠隔武器による火力集中で敵部隊を混乱させた後、長柄鑓でその動きを拘束して、白兵戦に特化した武者たちを突入させる戦術を愛用していた。

これに立ち向かう信玄は、これと同じ隊形を使ってその戦術に対抗するようになった。こうして、兵種別編成の軍隊が謙信・信玄を中心に拡散していったのである。

天正五年（一五七七）九月、織田軍は車懸り戦術を担っていた謙信七手組[97]の指揮官が従軍していた上杉軍と接触して、一撃のうちに崩壊させられてしまった。織田家重臣の羽柴秀吉が無断で「帰陣」することになった「手取川《てどりがわ》合戦」である。

その惨敗を伝え聞いた光秀が、自軍に車懸りが可能な軍制の採用を検討したとして不自然なことではなく、むしろほかに確たる動機を探し出しにくい。

そして、軍法制定から一年が経過して、いよいよこれを実用する機会が訪れた。

天正一〇年（一五八二）六月二日、惟任光秀が本能寺の変を起こし、織田信長を殺害して、京都を制圧したのである。光秀はここから天下取りを始動しようと動き出す。

これを受けた信長の遺臣や徳川家康も、主君の仇討ちのためとして、畿内への出馬に向けて動き出す。これを迎撃するには、光秀流車懸りを見せてやるのがいいだろう。

本能寺の変の動機

ところでなぜ光秀は、本能寺の変を起こしたのだろうか？
光秀は「武略」の人であった。

【意訳】
明智光秀は言った。「『仏の嘘を方便、武士の嘘を武略という。土民・百姓はかわいいものだ』というのは名言である」。

【原文】（『老人雑話』巻下）(98)
明智日向守か云、仏のうそをは方便と云、武士のうそをは武略と云、土民百姓はかはゆきこと也と、名言也、

また、フロイスも光秀のことを「裏切りや密会を好み、刑を科するに残酷で、独裁的でもあったが、己れを偽装するのに抜け目がなく、戦争においては謀略を得意とし、忍耐力

に富み、計略と策謀の達人であった」[99]と述べている。他人の隙を探し出して、不意を喰らわせ、自分の利益を得るのが得意だったのだろう。

かたや信長は人任せ運任せのところがあった。冒険的で上手くいけば大成功だが、悪くすると臨機応変すぎて大失敗することも度々あった。

成功例では、少数の兵で大人数の今川軍を相手に戦いを制した桶狭間合戦。また織田軍は鉄炮や布陣地を入念に準備していたが、兵粮が整わず、長期戦は不可能だった。ところが武田勝頼が撤退せずに前に出てくれたおかげで短期決戦を挑むことができ、戦果を得られた長篠合戦。どちらも少し運が悪ければ敗北したかもしれない薄氷の勝利であった。

失敗例では、妹を嫁がせて北近江を委ねていた浅井長政を盲信して越前に攻め入ったがため、窮地に陥った越前討伐と金ヶ崎合戦。足軽に撃ち混じり、最前線に飛び出たため、足に銃弾を受けて負傷した天王寺合戦。これらは信長の油断と過信が大きな痛手を招いたものである。

比較すると、信長は隙だらけで、かたや光秀は隙を見つけたらそこへすかさずつけ入る達人であったと言えるだろう。

光秀と信長の違い

本能寺に入った信長も、ここでまさか光秀が裏切るとは想像もしていなかった。もし無防備な信長を今ここで襲ったら、光秀は非難轟々となって味方など得られない。信長はこの合理的判断——光秀ほどの人物ならそんなバカなことはしないという解釈——が無意識のうちにあって、本能寺で眠りについていたのだろう。

だが、光秀は斎藤道三のように武略に秀でた「計略と策謀の達人」である。丹波では国人たちの裏をかき、これを打ち負かして、一国平定の大業を成し遂げた。

その目と鼻の先で、おいしそうな獲物がぶら下がっている。無防備な主君と京都である。京都は大義名分の源泉となる。下克上の旨みを知った武略の人が手を出さないわけがない。大軍で京都を制圧すれば、朝廷を容易に操れる。信長の重臣たちは各地方で強敵と対峙しており、すぐには動けない。将軍・足利義昭も反織田勢力を指揮する意欲に燃えており、「将軍様のために働きます」と申し出れば、多数派工作に乗ってくれるに違いない。

かくして光秀は決起した。

大義なき挙兵

光秀は本能寺で信長を殺害した。

だがその後、光秀は確たる大義名分を全く唱えていない。何の理想もなく、ただ勝算の有無だけによって挙兵したためである。

もし何か真意があるなら、信長を討ち果たした後、その犯行声明を堂々と行なったはずである。だが、光秀は変後に書いた西尾光教宛・六月二日付書状で「信長と信忠の悪逆、天下の妨《さまた》げを討ち果たした」と伝えているぐらいで、特に動機は述べていない。また紀伊《きい》雑賀《さいか》衆[100]の土橋重治《つちばししげはる》宛・六月一二日付書状でも動機は述べず、将軍への「御馳走」として参戦するよう促している。これを光秀の動機と見る論者もいるが、軍勢の催促として将軍のために参戦しろと言っているに過ぎないだろう。

なぜかと言うと、光秀は六月九日、もともと自身の娘をその息子（忠興）に嫁がせている長岡（細川）藤孝に「今回の挙兵は、忠興《ただおき》たちを取り立てるつもりで行なったことで、他意はありません。五〇日から一〇〇日のうちには近国も落ち着くでしょう。その後は我が子・明智光慶《みつよし》と忠興殿に政権を譲り、何も口出ししないつもりです」などと、理想も大義もない事実を露呈して口説こうとしているからである。

この時すでに光秀は、多数派工作に失敗して孤立していた。中国地方の羽柴秀吉が大軍を連れて引き返しているのを知っており、絶望の最中にあった。

もはや敗北するかもしれない危機的状況で、現実的な未来を語ることはかえって非現実的となる。こういう時は、空手形の利益を見せつけるより、敗れても名が残るほどの高い理想を訴えるべきだが、そのようなことすら思いつかないのは、本当に何の大義もなかったからだろう。

山崎合戦に敗北

やがて畿内へ入った秀吉は、周辺の城主たちを味方につけると、大軍でもって惟任光秀の軍勢に接近した。

昨年、光秀の軍隊は新型の用兵を使うための「明智光秀家中軍法」を導入していた。だが、この戦法を謙信のように駆使するには入念な錬成が必要で、武田軍と北条軍もこれを模倣したものの、結局不完全な形でしか扱えておらず、謙信ほどの野戦上手にはなれなかった。むろん光秀の軍隊も訓練が十分ではなかったはずだ(101)。

そこへ惟任軍を視認した秀吉が、本来なら合戦を行なわない夕暮れ時であるにも拘らず、一気に攻勢を掛けてきた。その理由は降雨である。車懸りの性能を発揮するには、戦闘開始と同時に銃撃を仕掛ける必要があるのだが、雨の中ではこれがうまく機能しない。秀吉はここを衝いて、光秀の不完全な車懸りを無効化した。

手取川合戦で、隊列を整えた上杉軍が迫る恐怖を体感している秀吉は、光秀がこれと同じ用兵で挑むことを警戒して、どうすれば惟任軍から主導権を奪えるかを熟考していたのだろう。そのひとつが、雨の日の強襲であった。

そして決め手は兵力差であろう。大義名分では、下克上を果たした無敵の人より、信長様の弔い合戦を唱える秀吉方が圧倒的に上である。将軍とすら決別した織田家臣にとって、最高の大義は信長の存在にあった。伝統的権威ではない。人は反光秀の陣営に集まる。

兵力差は、秀吉側が惟任軍の約二倍。力押しされた光秀は敗北した。

わずかな供廻りと共に逃亡する光秀は、帰城するところを落ち武者狩りに襲われ、首を取られた。六月一三日、享年五五——(102)。

本能寺の変からわずか一一日後のことであった。

番外編③

戦国大名の戦績データを考える——謙信と関東衆の臼井城合戦

武将の番付け、強弱の評論は昔から大人気だ。ここではそういう趣向から生まれたであろう戦国大名の戦績データの信憑性について、上杉謙信の臼井城合戦をメインのサンプルとして述べてみたい。

上杉謙信の勝率について

戦国武将の能力を数値化する歴史シミュレーションゲームの影響だろうか。戦国大名を評価する基準のひとつとして、戦績データが提示されることがある。

例えば、越後の上杉謙信には七〇~七一戦の戦績があり、その内訳は「四十三勝二敗二十五分」（花ヶ前盛明《はながさきもりあき》編『新編上杉謙信のすべて』新人物往来社、二〇〇八）とされている。

このデータをもとに勝敗の判定を変えたらしい戦績として「六一勝二敗八分」とも唱えら

れている。事実なら好成績といえるだろう。
このほか織田信長は「五九勝一六敗八分」、武田信玄は「四六勝四敗一三分」、毛利元就は「四九勝九敗二分」という数値をよく見かける。戦績から導き出された数値は、武将それぞれの戦略、作戦、戦術の高低を捉える指標となっている。[103]
このようにまとめられた数値によって、「元就の勝率は一番高い。最強と言われる謙信はそれほどでもない。信玄は大敗も目立つが意外に勝率が高い」とか「信長の勝率は低い方だが、それでも拡大した領土は随一であるから、ほかの戦国大名より戦略に優れている」などとする議論が歴史愛好家たちの間で好まれている。
だが、こうした数値はどこまで信用できるのだろうか？

戦国の戦績はフィクション

戦国時代の合戦は基本的には私戦であり、その規模も数十人から数万人まで広がりがある。当然のこととして、全ての合戦が記録に残されているわけではない。では、こうした戦績の数値はどのようにして算出されたものであろうか。

これらの戦績は、平成になってから初めて提示されたと思われるデータで、ある意味では「作られたもの」だと言ってもいいぐらい確実性がない。

どういうことかと言うと、例えば上杉謙信の場合、彼が戦ったとされる戦争を一次史料および二次史料などから網羅的[104]に拾い上げ、そこから評者が勝敗を見定めて計算したものである。

だから言うまでもなく、記録の残っていない合戦もある。二次史料の中には、民間の軍記など、後世に創作された歴史小説的な虚構の合戦もある。

つまり今知られている「戦績」というのは、実はかなり適当に、それらしく作られたものである。

平成の頃は歴史雑誌が独自のデータから、信長や信玄の勝率を算出して、誰が最強かというランキングを付けたりして、読者を楽しませていた。エンターテイメントであるから、学術的な厳密性などは特に求められていない。

つまるところ戦国武将の「戦績」とは、曖昧な形で創作されたフィクションと言えるのである。

とはいえ、私はこの数値を（専門家ではない）一般人が使用するのに否定的ではない。この戦績を事実ではないが、真実味はある——という意味で許容したいと思っている。

謙信の強さは一言で表現できない

私は長年謙信について調べ続けている。

私見では、謙信の兵制と用兵がとても高度で、最強と呼ぶに相応しいと思っている。実際に当時の史料を見ても、武田信玄は「太刀においては日本無双之名大将」と讃えていたことが越後にまで伝わっており、織田信長の兵たちが上杉と武田の兵を「天下一之軍士」と恐れたことも確かめられる（『上越市史』一三一一号文書／『多聞院日記』天正一〇年三月条）。日本無双の戦争指導者が天下一の将兵を操っていたというのだから、異論の唱えようがない。

だがその強さを具体的に説明するのは、とても大変だ。

私は謙信の軍隊について、『戦国の陣形』で簡単に輪郭を描き、『戦う大名行列』でその内実を描写した。これらを一読すれば、謙信の軍隊編成と用兵がある程度見えるだろうと思う。しかし謙信のイメージを簡単に説明する時、こういう具体的情報をいちいち説明していたところで、理解してくれる人は限定されてしまう。そこでとりあえず仮の形として、イメージに基づく戦績データは有効だと思うのである。

小田氏治《うじはる》や上杉憲政や今川氏真《うじざね》などのような実績もなく、用兵の世評も残っていないような武将に「勝率九〇パーセント」となるようなデータを割り出して「実はすごかった」というなら首を傾げることになろうが、謙信のように特殊な武将には、こういう数値を出しても違和感がない。「謙信は合戦に強い」というのをイメージする上ではとても有効な表現であることは認めざるを得ない。

もちろん実際の凄みは、数値などには現れないものである。

生山合戦は謙信の敗戦か？

ここからはその戦績の内実の話をしよう。

謙信の敗戦に数えられる合戦を、例に挙げることとする。

「六一勝二敗八分」説と「四三勝二敗二五分」説、どちらも謙信は約七〇回もの戦いを行なっていたことにされていて、敗戦はそのうちわずか二回となっている。

二回の合戦とは、永禄四年（一五六一）の生山《なまのやま》合戦と永禄九年（一五六六）の臼井《うすい》城合戦だ。

まず生山（＝生野山）合戦から説明しよう。これは北条氏政と上杉謙信の戦いである。

武蔵生山（本庄市児玉町八幡山付近）で両軍の兵士が戦い、氏政の兵が「越国衆を追い崩した」という記録がある。[105] しかもこの合戦を伝えるテキストは当時の一次史料である。一次史料を最優先に取り扱う文献史学の世界では、ここに大きな戦闘があったと見る研究者もある。[106]

たしかに戦闘があったのは間違いない。また、北条軍が勝ったのも間違いない。だが、気になることがある。それは軍記など後世に作られた二次史料に全く記載されていないことだ。

簡単に説明しよう。普通、当時の情勢や歴史を変えるほど重要なレベルの合戦があれば、一次史料だけでなく、二次史料にも書き伝えられる。そういう合戦は、みんなが語り合い、有名化するはずだから、後世の人々も関心を持つ。すると当然、書き手は読み手の需要に応じるため、具体的に詳述することになる。

ところが、生山合戦はそういうものが何もない。二次史料にない大合戦というのもないわけでもないが、謙信ほどの伝記が多い人物としてはかなり異質で、注意を要する。

すると、一次史料の内容を分析するしかないのだが、歴史研究では軍事史料の読解が、政治面と比べるとまだ発展途上にあり、ほとんど印象論のような解釈で簡単に読まれてしまうことが少なくない。例えば、関ヶ原合戦の再構築ですら、まだ始まったばかりである。というわけで、この生山合戦を伝える一次史料、北条氏政の感状を見てみたのだが、私にはこれがどう考えても派手な大合戦や会戦があったようには読めないばかりか、謙信の合戦であるとすら思えないのである。

なぜならそこには「あなたは敵ふたりを討取りました。素晴らしいです」「あなたは傷を数カ所受けましたが、痛みに耐えてよく頑張りました」などという文章しか書かれておらず、大きな合戦でこんな小さな戦果や被害の感状が出ることはない。あったとしてもそれがどういう規模の戦いであったかも明記するのが普通だ。この文章を素直に読むなら、その規模は集団戦ではなく個人戦の範囲に収まっている。生山合戦は、大きな会戦ではなく小人数の小競り合いだったのだろう。

そもそも謙信は、「無二の一戦」と呼ばれる大きな会戦を好む性分である。基本的に野伏じみた小戦をしない。当時の情勢を見ても、そうする必要性を感じない。この合戦の実態は、拙著『謙信越山』の第二三節でも披露しているので、興味のある方はぜひそちらも読んでもらいたいが、生山での戦闘は、合戦と呼べるかどうかも怪しい小さな小競り合いだったと見るのが妥当なのだ。

おそらく謙信が直接指揮したものではなく、その部下が少人数で物見のように前へ出て、これを氏政の部下が迎撃したものであろう。

ともあれ、謙信の戦勝率とされるデータは、こういう実態不明の合戦に適切かどうか定かでない解釈を加えてまとめたものが多い。

ついで、臼井《うすい》城合戦も見てみよう。

臼井城合戦は誰が戦ったのか？

上杉謙信はそれまで関東管領の役職と権威を背景に関東諸将を従え、関八州で、北条軍とその支持武将を相手に猛威を振るっていた。しかし、下総臼井城合戦の敗北を機に情勢は一変する。小田《おだ》・結城《ゆうき》・小山《おやま》・宇都宮《うつのみや》ら、そして由良《ゆら》・成田《なりた》・皆川《みなかわ》らまで次々と離反して北条派に転じることになり、謙信は関東越山を考え直すことになったのだ。

臼井城合戦はこれほど重要な戦いである。ここではこれを戦績としてどう見るべきかを説明させてもらおう。

臼井城合戦の史料は、一次・二次双方に数多く残されている。ただし、両者の描く合戦の姿は、様相が異なる。

二次史料に描かれる合戦を簡単に紹介すると、謙信が北条方の臼井城を攻めて、これを落城寸前まで追い詰める。城主・原胤貞《たねさだ》（千葉家臣）は防戦に努めるが、軍配者・白井入道浄三《じょうざん》の智謀と、北条から派遣された勇将・松田康郷《やすさと》の活躍により、謙信たちを追い散らし、「越後勢を悉《ことごと》く討取りけり」という大戦果を挙げたという（『関侍伝記』）。

ただし二次史料でも古いものを見ると、その勝利を「謙信カ兵退去ス」（『鎌倉九代後記』）などと、謙信が撤退したことのみを記しており、白井浄三なる人物は登場していない。具体的な戦果もよくわからない。すると、これらのドラマ的展開と越後軍撃退の内容は、後から盛られたフィクションでありそうだ。

一次史料から読み解く臼井城合戦

さて、一次史料またはそれに準ずる記録を見てみよう。城攻めを優位に進めていた謙信は「御人衆先年小田原《おだわら》陣ニも被勝」と、臼井城を関東大連合軍で追い詰める様子を誇らしく述べている（『越佐史料』永禄九年三月是月条）。

ついで、これに援軍を差し向けた北条氏政は戦闘途中の三月二五日に、さる二三日に「敵数千人、手負・死人出来」の戦果を挙げたと述べ、北条陣営の古河公方・足利義氏も同日中に「五千余手負死人出来」いう戦果が挙がったことを二八日に述べている。そして、戦後の四月一二日に氏政は「敵五千余手負死人仕出、翌日敗北」させたことを確定事実として述べている（『戦国遺文 房総編』一二〇三、一二〇四、一二〇八号文書）。

こうして謙信たちは撤退したのだ。

ただし、氏政の三月二五日付書状を見ると、「手負と死人のため、（上杉陣営に属する）安房《あんぼう》の里見義弘《よしひろ》と上総の酒井胤治《たねはる》の軍はみんな去っていった。二三日の夜が明けると越後の兵たちも何人か移動しているらしい」[107]とも書いてある（『戦国遺文 房総編』一二〇三号文書）。ここからこの段で「手負・死人」の主体が房総現地の武将たちであることがわかる。そして謙信の諸隊が少しずつ撤退を開始しているのは、あまりの敗勢に継戦不可能と判断したからだと見られる。

また、臼井城合戦は、謙信が「小田原陣」以上の人数が集まっていると述べたように、上杉方の関東大連合軍が参戦する大規模な合戦であった。おそらく関東屈指の重要対決で、戦ったのも謙信と臼井城というより、上杉派と北条派の関東武将同士であっただろう。この戦いは「謙信の常勝神話が崩れたため、関東諸将の心が離れたのだ」と解釈されることが多いが、実際には、現地の武将たちが大変な損害を被り、彼ら自身が北条派と争う実力と意思を失った面があると考えるのが妥当である。

こうしてみると臼井城合戦は、たしかに謙信の敗戦ではあるが、上杉軍が単独で戦って、越後兵が大きな被害を受けたというイメージで見るべきではない。謙信が大軍を催して下総の城を攻めているところへ、北条陣営の武将たちが後詰に現れたため、謙信の直接指揮しない先手の現地武将がこれに応戦して、大敗を喫したものだろう。

なお、北条が派遣した兵は小規模合戦をした形跡しか残されていない。謙信も氏政も合戦の主役ではなかったと思われる。

戦国武将の戦績は不明

さて、ここまで謙信敗北とされる臼井城合戦の内容を見てみたが、それぞれ内実を見てみると、負けは負けだが、ひとつは謙信が指揮していない小競り合いで、もうひとつは、上杉軍の強弱を推し量りがたい戦いであるものの、負けてはならないところで負けた手痛い敗北であることは間違いない。

ほかにも細かく説明したいところはあるが、ひとまず謙信の戦績を例として見直してみると、堅固な裏付けがあるわけではなく、あくまでイメージ先行のものであることを理解してもらえれば幸いである。

そもそもの問題として、どこからどこまでを合戦とするのかその定義が不明確で、正確な数値を算出することも困難である。戦国武将の戦績は、歴史シミュレーションゲームの武将データと同程度のフィクションと言えよう。ただ、それでもその人物のイメージをズバリと直接的に伝えられるので、躍起になって否定するほどのこともないと思う。

これらはあくまで、ある程度の歴史知識が身につくまでイメージを補強する方便と考えれば、それで充分に活用意義があると評価してもいいのではないだろうか。

一五八五年

【伊達政宗×小手森城】

若大将・政宗が自作した撫で斬り悲話

――その虐殺は本当にあったのか？

独眼竜の異名で知られる伊達政宗には、豪放な逸話が無数にある。
しかも多くは良質の同時代史料に書かれたものである。
ここでは、一次史料の嘘と、二次史料の真実を見ていく。
政宗の撫で斬り悲話の真偽を問うことから、戦国武士の残虐性を問う。

伊達政宗騎馬像（仙台観光国際協会提供）

伊達政宗と小手森城の攻略戦

天正一三年（一五八五）閏《うるう》八月二七日、戦国武将の伊達政宗《まさむね》は、陸奥国安達《あだち》郡にある大内定綱《さだつな》の小手森《おてのもり》城を攻めた。定綱は政宗に味方すると言いながら、裏切ったのでその報いを受けさせる必要があると考えたようだ。だが、伊達軍がじりじりと迫る中、定綱は小手森城を脱した。

脱したのは二四日の夜である。後の守りを側近たちに任せて本城に帰還したのだ。獲物を逃した政宗は、まだ二〇歳前の若い大将で、血気盛んだった。当然ながら、その怒りは「逃げ足の早いやつめ」と舌打ちする程度で収まらない。

ここで凄まじい惨劇が繰り広げられてしまう。

政宗が、陥落させた小手森城で、大量虐殺を行なったというのだ。

その内容は、落城当日、政宗が伯父の最上義光《もがみよしあき》に宛てた書状に告白されている。世に言う「小手森城の撫で斬り」である。

政宗の手紙から該当部分を引用してみよう（参考：『大日本史料』一一編之一九・天正一三年閏八月二七日条）。

「大内定綱に属する者を五〇〇人以上討ち捕りました。そのほか女子供だけでなく犬までも撫で斬りにしました。合計一一〇〇人以上を斬らせました(108)」

城内にいた大内家臣（侍）と奉公人（一般人である従者とその家族）のほか、動物まで殺害させたというのである。事実とすれば、戦慄すべきジェノサイドだ。

政宗の手紙はほかにもある。翌日、伊達家臣の後藤信康《のぶやす》にも「小手森城を攻め落とし、二〇〇人以上を撫で斬りにした。実数は把握していないが、私は満足したということにしような(109)」と、その殺戮を誇らしげに伝えているのだ。

まだある。翌月、政宗は僧侶の虎哉《こ か》にも手紙を書いた。そこでは「侍以外の者も男女の区別なく残らず討ちました。合計八〇〇人ばかり討ち捕りました(110)」と伝えたのだ。

すべて一次史料に書かれており、しかも政宗本人の証言であるため、信頼度は高いと見られている。だが、どの手紙も人数がバラバラで、微妙に表現が異なるのが不可解である。

例えば、有名な「犬までも撫で斬り」という内容は、最初の最上義光宛書状にしか書かれていない。

これはどういうことなのか。一緒に考えてみよう。

一次史料に明記された政宗の証言

単純に見るならば、政宗は相手によって伝えるべき情報をコントロールしたことになろう。

まず最初に事件を伝えた最上義光は、組織的には部外の当主であるから、自らの戦果連絡に誇張を交えていて構わない。むしろ受け取る側も「誇張や粉飾があって当たり前だ」と思っているから、そこを踏まえて、できる限り大袈裟に伝えることが重要だ。

一方で、家臣に書き送った翌日の手紙では、殺害人数を「二〇〇人以上」と、義光に知らせた人数の二〇%ほどに下げており、かなり少ない。それに、「実数は把握していない」と書いてあることも気にかかる。まるで、「俺はたくさん殺害させたが、詳しいことや具体的なことは知らない」ととぼけているようでもある。それでも「満足したことにしよう」と述べているように、事実関係を曖昧にしたまま、作戦を落着させようとしている様子がうかがえる。

そして翌月、地元の僧侶に宛てた書状では、人数を少し増やして、「八〇〇人以上」を殺害したと伝えている。ここでは、敵の家臣以外の男女も区別なく殺害したことも述べているが、義光宛書状で触れられた、子供や犬の撫で斬りについては何も述べられていない。

小手森城の撫で斬り事件は、このように政宗自ら発した情報ですら、大きな揺れがあって整合性を取れないようになっている。歴史上の悲劇的な事件は、およそインパクトの大きな情報を真実だと見る傾向が強く、その声は自然と大きくなるので、「政宗は小手森城を落とすと、男女はもちろん子供や犬まで撫で斬りにした。合計一一〇〇人以上が殺害された」という最大限に誇張された情報が通説のように語られがちになっている。果たして真実はどうなのだろうか。ここで別の二次史料に視点を転じてみよう。

伊達家の二次史料

まず伊達家の記録『伊達貞山治家記録《ていざんじけ》』一巻である。

城が落ちることになる二七日の朝、伊達軍が城攻めの布陣を整えた。これを見た小手森城の武士がひとり現れ、伊達成実《しげざね》の陣所に向かい、取次を願い出た。

「それがしは石川勘解由《かげゆ》と申す者である。伊達成実殿の家士・遠藤下野《しもつけ》と知り合いでござる故、対面を願いたい」

すると遠藤下野が「何事ぞ」と勘解由に応じた。すでに主君の大内定綱は小浜城へ退去していた。

「この小手森にはわれら大内様の側近がまだ多数残ってござるが、もはや落城間近と見え申す。ならば、そのまま城をお渡しして、（主君のいる）小浜城へ移りとうござる」

勘解由は伊達軍の様子を観察して、「話し合いの余地あり」と考え、このような提案を持ちかけたのだろう。だが、限りなく自分に甘い提案である。遠藤が主人に事の次第を報告すると、めぐり巡って政宗のもとまで話が伝わり、交渉が開始された。

伊達軍は「提案を容れてもいい。しかし小浜城ではなく伊達領に移れ」と半分ほど譲歩する返答をしてみせた。このまま逃してやって、定綱のもとに移られたら、彼らは決死の思いで抗戦するに違いない。当然の代案だろう。すると勘解由は、城中の者たちと相談した後、今度は「近日中に主君も切腹するだろうから、一緒に自害したいと命乞いをしているのでござる」などと主張してきた。空気が読めないとはこのことだろう。本当に自害するという保証はないのだから、これほど自分に虫のいい開城交渉は、戦国時代に例がない。

これを聞いた政宗は「御許容ナシ」の顔色で、「自分たちの陣構えが緩いから、城中の者も自分勝手なことを言い出すのだ[三]」と怒り出し、「本丸まで攻め落とせ」と下命した。上杉謙信や織田信長でも同じ決断を下しただろう。だが、こうしたタイプの武将は、奥羽ではスーパーレアだった。

午後から総攻撃が始まった。あっという間に城が落ちた。夕暮れ前の時である。伊達軍は本丸にいた「男女八〇〇人ほどをひとりも残さず監視をつけて斬殺[112]」したと言う。

八〇〇人を斬殺――。僧侶に宛てた書状と同じ人数である。

続いてこのやりとりに関わった伊達成実に由来する二次史料『伊達成実記』を見てみよう。ここでも、石川勘解由の話が記されており、その内容はほぼ前述の通りである。それで伊達軍が本丸を落とすと「(政宗が)撫で斬りにせよとの指示があり、男女・牛馬まで切り捨て、日暮れになって引き上げた[113]」とある。殺害した人数については記しておらず、「牛馬迄」を殺害したという点が、ほかの史料と異なっている。ここまで政宗の苛烈さだけはどれも一致しており、その命令によって城兵およびそれ以外の者も残らず命を奪われたことになっている。

ただ、これがもし政宗と伊達軍のついた嘘であったとしたらどうだろうか。生き残りはほぼいなかったから、死人に口無しだろう。

伊達以外の二次史料に見る小手森落城

では最後に軍記『奥羽永慶軍記《おううえいけいぐんき》』巻八を取り上げる。

これは近世の秋田藩の医師が書いた軍記で、伊達家と深いゆかりがあるとも思えず、政宗を立てる義理は何もないだろう。事実誤認の記述も多い。こんな軍記なのだから、もし政宗が小手森城で虐殺を指示した事実があれば、昨今の歴史の読み物のように、嬉々として掲載したはずである。

だが、それがないのだ。

同書は「奥羽における戦国時代を考える上でも、もう一度、史料的にも検討し直してみる必要がある」文献とされ（『戦国軍記辞典』〔群雄割拠篇〕）、全くの無価値な史料ではないとされる。一次史料から見た歴史像に別の光を与えうる興味深い記述も見える。

ここに書かれている内容を見てみよう。石川勘解由が交渉を申し出て、決裂する流れまではほぼ同じである。

ところが、小手森落城のくだりでほかの文献と異なる内容が記されている。伊達軍と戦うべく、城から打って出た小野半兵衛《はんべえ》が、深傷を負って城中に引き上げたところから転写したい。

「(半兵衛は)城の中へ引き上げると大音声で『難関はどこも突破されたぞ。男女ともに急ぎ自害するのだ。敵は乱れ入ってくる。奪われるな、斬り捨てられるな』と命令したあと、具足を脱ぎ、切腹して倒れてしまった。[中略]城の中の者たちは剛強にも陪臣の下々の者まで逃げ延びようとする者はひとりもなく、戦死したり自害したり、または火中に身を投じて死ぬ者もあった(114)」

ここでは、伊達軍による大規模な虐殺が行なわれることなく、自害した人が多かったようにされている。

しかもこれは城将の小野半兵衛からの一方的な命令のためである。

軍記ではその覚悟を褒めているが、中には上司の主張に抗しきれず、泣く泣く自害した者もいただろう。「大音上テ」、伊達軍に略奪(乱妨)させず、武功を与えるなと「下知」させるくだりからは、そういう推測が可能な描写で仕上げている点に、筆記者の誠実さを感じる。

なお、物資や人材の略奪(乱妨)は、戦国時代の戦争史料によく見られるが、この言葉は兵士の私的な略奪というよりも、軍隊の公的な接収行為として読む方が理解が通りやすい。特に馬や牛は持ち運びに困るから、兵士ひとりひとりが私的に奪ったら、次の軍事行動に差し障りが生じる。これらは総大将が組織的に管理して、組織的に配分すると考えられる。

ここから政宗の撫で斬り話の裏事情が見えて来る。

敵の玉砕を隠せ——政宗の思惑

おそらくこの軍記にある通り、小手森城の人々の多くは自ら死を選んだのだろう。敵軍に略奪させないため、自発的に物資や家畜をも放火・殺害させて、伊達軍に得られるものを何ひとつ残すまいとしたのだ。

これは古今東西よく見られる「焦土戦術」である(115)。

悲鳴轟く小手森城内に、伊達軍が焼けおちる建築物を抜けると、本丸に自害した侍と、差し違えた男女の死骸が転がっていた。多数の焼死体も含めまれていて、にわかには数えられなかった。

政宗は大内定綱に逃げられたばかりか、無血開城の交渉にも失敗し、さらには貯蓄物資(牛馬や兵粮など)の接収を果たせなかった。

おまけに、人質となりうる捕虜の確保すら出来ていない。報告を受けた政宗は、もし敵が進んで自害したという風聞が広まったら、大内方の抵抗はこれからより激しくなるかもしれないという不安になり、自軍の勇ましさを誇張したい気持ちもあって、この事実を無いことにしようと考えたのだろう。

そこで政宗は最上義光に、この惨事は彼らが積極的に行なったものではなく、伊達軍がやったこととして伝えたのではないか。牛馬もみんな死んでしまったので、「犬迄」も撫で斬りにしたと述べることで、過剰な殺意を演出して事実を覆い隠した。

そして家臣にも「これは我々の失敗でない。破壊と殺戮はわが意地で行なったものである。大戦果を挙げた我々の勝利を見よ。素晴らしい。私は満足している」という態度を通した。

相手を生け捕りにできなかった武将が書状で「定めて満足となす」などと個人的な感想を述べて軍事行動の落着を図る例はいくつかある。どれも作戦目的を予定通りに果たせなかった時の言い訳としての側面がある。

死者の数が、第一報が合計一一〇〇人以上（侍と奉公人）、第二報が二〇〇人以上（侍だけ）、第三報が八〇〇人以下（侍と奉公人）へと変わっていったのは、最初あまりの数に政宗も動揺して、過大に試算したのだろう。

それが翌日までに落ち着きを取り戻し、侍のみの死亡数をこれぐらいと数え、そしておそらく翌月には合計八〇〇人以下であることが見えてきたためと想像される。

小手森城の落城悲話は、政宗のダークな一面を伝える挿話として有名だが、実際にはそうではなく、政宗自らが誇張あるいは創作した虚報である可能性が高い。政宗に限らず、武士は強がりである。

三年後、大内定綱は伊達家に帰参。年月を重ねるにつれ、政宗から重用されていき、その子孫は一族格の扱いを受けることになった。

一六〇〇年

【上杉景勝】

論語を愛した沈黙の武将

——景勝は何を夢見ていたのか

その生涯においてブレることなく、おのれの存念を突き通した寡黙なる大名・上杉景勝の思考法に迫ってみたい。

景勝は論語を愛しており、そこに進むべき道を見ていたと思われる。ここから景勝という人間の心の扉をちょっと開けて、その先の暗闇にどういう世界が広がっているか、思いを巡らせてもらいたい。

銭淵公園の喜平次(上杉景勝)と与六(直江兼続)像

庚子争乱を起こした人物

いわゆる関ヶ原の戦い(116)は、徳川家康が会津の上杉景勝を討伐するため、下向したことにより始まった。毛利輝元を盟主とする西軍が大坂城と豊臣秀頼《ひでより》を確保、上方を押さえて、家康率いる東軍の撃滅に動いたのである。

ところで会津討伐の契機は、家康の野望にあると見る傾向が強く、景勝が現体制への不満から挙兵を企んでいたとする論考はほとんど見られない。

私はこれに疑問を抱いていた。謀反や反乱を企てる者は、その動機をできる限り明らかにすることなく動くのであり、しかも最後まで理由を明確にしない例が多い。それどころか現代の目から見て、どのような必然的動機があって反逆したのか不明なものばかりだ。例えば、松永久秀《ひさひで》や惟任光秀の挙兵理由は、いまだによくわかっていない。

豊臣秀吉と争った北条氏政にしても、秀吉の陰謀にハメられたという説が立論されるぐらい無謀な戦いに直面している。しかし氏政にも勝利のシナリオが無かったわけではなく、その敗北は必定《ひつじょう》ではなかった。だから、一門全員で土下座してでも合戦を回避すべきだったという後付けの批判は適切ではない。日本史上、公権力と争った側が勝利した例はいくつもある。

例えば、赤坂城の楠木正成《まさしげ》、永禄の変の三好義継《よしつぐ》、本能寺の変の惟任光秀など、ありえない謀反（勝ち目がない、その後の展望がない、大義が弱いなど）を起こして勝者となった者がたくさんいるのだ。

そして上杉景勝の実父・長尾政景《まさかげ》は、越後守護代になった上杉謙信を相手取り、戦争を決断した。その結果は全面的な降伏に終わったが、景勝には反骨の血脈が生きている。武田と北条を味方につけた義兄との争いや、織田信長相手の徹底抗戦と、滅亡覚悟の決断を繰り返してきた。

義父の謙信からしてそうである。体制がほぼ盤石と化していた相模の北条政権に立ち向かい、鎌倉府を復権させて、関東情勢を一変させようとした。東国の長尾一族には大願のため、天下を大乱に引き入れて動じない大胆さがある。

景勝に何らかの展望があった可能性も、史料批判がある程度固まった今、一度は考えてみるべきだろう。

上杉景勝の反意

上杉景勝が大乱を起こそうと企んでいたことは、ほぼ疑いないと私は見ている。少なくとも、関ヶ原以前から着々と戦争準備を進めていたことは当時の書状から読み取れる。世間から注目される本拠の神指城《こうざし》こそ、平和的な都市作りを進めていたが、北側の国境では長期戦に備える普請を進めていた。

武具の収集、武勇自慢の牢人登用、交通網の整備など、戦時体制の強化を推進していた事実があり、これで戦乱など望んでなどないとするのは、いささか厳しいものがある。本当に家康から難癖をつけられていて、誤解を解きたいと思うなら、それなりに申し開きのしようがあったはずだ。だが、景勝は自分に謀反の疑いがあると訴える者を糾明《きゅうめい》せよ、秋になったら上洛すると強く主張しており、その影では家臣たちには春夏《はるなつ》のうちに国境の防備を固めろと伝えている。

おそらく景勝には、彼なりのシナリオがあったのだろう。それがどのようなものであったかを史料のテキストに求めることは難しい。大名や領主の大胆な挙兵（政変や謀反）は、普通史料にすら残らない形で進められるだろうからである。

ただ景勝の腹中には、私的な欲望や臆病な警戒心ではない、何らかの展望があったのではないか。これは庚子争乱に西軍が敗れたあと、徳川の新体制をいさぎよく受け入れていることからも想像できることだと思う。ここで、景勝の人格にその手がかりを求めてみよう。

寡黙の理由

上杉景勝は、若い頃は人付き合いのいい人だったと伝えられている。しかし御館の乱で仲のよかった義兄を自害させ、さらに織田軍に魚津《うおづ》城で家臣たちを殺害されるという過酷な経験を味わい、「おもくち（口の重い）」人になったらしい（『福井県史』一二号文書）。軍記が伝える通り、実際にとても寡黙だったのだろう。

景勝は書状では饒舌で多弁だが、謙信が書状で見せる感情の起伏（「あいつはばかものだ」「北条ごときが自分に立ち向かうなど片腹痛い」ということを気軽に書いている）とは様相が異なっている。謙信の書状が普段の文脈（日常会話）の延長に見えるのに対し、景勝の書状はテキストが単体であるかのように言葉を慎重に選んでいる節がある。

また、晩年の景勝は息子の上杉定勝《さだかつ》に次の手紙を送っている。

【意訳】

一筆書き送ります。『論語』を暗唱《あんしょう》できるようになったようで、とても嬉しいです。ひとまずほかの本を脇に置いてでも『論語』だけはよく学んで理解を深めるようにしてください。かしこ。

追伸、来春にはまたお会いしましょう。以上です。

八月十六日　　景勝〈花押〉

千徳《せんとく》（定勝）殿へ

【原文】（『上杉家文書』一〇一七号）

追而、来春ハのほり候て、見参可申候、以上、

一筆申越候、仍論語ミな／＼おほへ候よし、きとくにて候、まつ／＼よの物之本おは先以おき候て、論語計能々おほえしるへく候、かしく、

八月十六日　　景勝〈花押〉

千徳殿

この手紙から読み取れるのは、景勝が『論語』を何よりも重視していることである。景勝が『論語』に言及した形跡はほかにないが、息子にだけは強くこれに学べと主張している。当主として必要なことがそこに書かれていると考えていたのだろう。

さて、『論語』を読んでみると、繰り返し、沈黙を保つこと、言葉少なくあることの重要性がそこかしこで説かれている。

一部抜粋してみよう。

「孔子《こうし》先生は言われた。『弁舌がよく容姿もいい人に、仁徳の者は少ない(117)』」

「子貢は君子のことを尋ねた。孔子先生は言われた。『まずは考えることを実行して、その後から考えを述べなさい(118)』」

「孔子先生は言われた。『昔の人が饒舌でなかったのは、実践の伴わないことを恥じたからだ(119)』」

「孔子先生は言われた。『君子は言葉を鈍くして、実践を鋭く行なうことを好む(120)』」

(『論語』巻第一：学而第一、学而第二、里仁第四)

景勝は朴訥《ぼくとつ》な沈黙を是とする『論語』を何よりも愛しており、主君に必読の古典と見ていた。こうした精神がどのように醸成されたのかは、その前半生を追っていくと朧げながらも想像可能である。

景勝の人格形成

上杉景勝は実父が生きていた頃から、謙信のもとで養育されていたようだ（『景勝公御年譜』）。謙信は春日山城、実父の長尾政景は坂戸城にいたので、景勝は血肉を分けた家族（父母、姉たち）と疎遠な生活を送っていた。

景勝にとっての家族は、義で結ばれた謙信がもっとも身近であっただろう。しかしその謙信も遠征を繰り返していて、幼少期は孤独を覚えることが多かっただろう。謙信は越後に帰ると景勝に気を遣っていた。景勝が一〇歳の時に政景が急死すると、実母（謙信の姉）は春日山または越後府中に転居したと思われる。

その頃から謙信は、対外関係に一貫性が見られにくくなる。

東国の中小領主と組んで、武田と北条を相手に激しく争っていたが、将軍家に両家と和議を進めて上洛するよう求められたのだ。謙信はこの通りに外交関係を改めようとするが、当然ながら関東現地の武将たちから大変な反発を集めた。謙信の身勝手さに呆れたのだ。謙信としては、彼らが北条からこれ以上の圧迫を受けないよう工夫していたが、それでも裏切り者の誹りは免れがたかった。

この間、景勝は謙信から話を聞いて、身勝手なのは彼らではないかと思ったかもしれない。その頃、北条から自身の姉婿となるひとりの若者がやってくる。謙信の養子となった上杉景虎だ。

景勝はその景虎を義兄と仰いで仲良くした。謙信と争った一族で、同世代の若者が、自分と同様に謙信の息子となったのだから、共感するところ大であっただろう。

また、謙信は越後で重用していたつもりの下郡の領主たちから「冷遇されている」と言われており、外ばかりか内側にも気持ちが通じない者が多かった。

やがて謙信は、同時代の人々から好かれることよりも、天に恥じない生き方が大事だと割り切るようになったらしい。天正三年（一五七五）の史料に、寺に寄付をした謙信が「これは今の世に名声を求めてのことではない[121]」と伝えた記録が見える（『上越市史』一二五四号文字）。

謙信は、天が見ているという意識を根本思想に、言葉よりも結果で語ろうと考える人格に変容していた。その姿を間近で見る景勝も、他人からどのように理解されても、真実は自分自身の中にあるとする思考法を受け継いでいたのだろう。

景勝を理解する者たち

やがて御館の乱が起きる。不幸な誤解が積み重なって勃発したような事件だった。実母も姉たちも景勝に見切りをつけた。ついで論功行賞に不満のある家臣が挙兵した。

心許した者たちが自分から離れていくのは、謙信も経験していたことで、人の上に立つ者が受ける使命と受け止めたのかもしれない。信頼できる家臣たちも戦死、病死で次々と世を去っていく。そんな景勝を直江兼続らが支えていく。

彼らが景勝とどのように心を通わせていたかは他稿に譲るが、景勝が笑顔を忘れ、沈黙を好むようになったのは、この頃からだろう。そんな折、幼少期に触れた時は、単なる文字の羅列のようにしか見えなかったかもしれない『論語』にあるテキストの裏側が見えてきて、その思想が胸に沁みるようになったのではないか。

かくして景勝は、言葉よりも行動で示すことを体現するようになる。

ちなみにある時、かつて謙信と喧嘩別れした近衛前久（当時は龍山と号していた）[122]から西《にしの》洞院時慶《とういんときよし》を介して音信があった。前久が越後に連絡を取るのは、二〇年ぶりぐらいのことであろうか。

前久は謙信への恩義がある旨を語ったらしく、「この景勝、若輩ではありますが、『先の筋目』をやり直されるというのでしたなら、(前久の存念に)従います」[123]と丁重に申し述べた(『上杉家文書』七九八号文書)。「先の筋目」とは、かつて謙信と前久が夢見た戦国終焉の世作りに貢献することを言っているのだろう。この時、豊臣秀吉の政権への参画を景勝に呼びかけていたものと思われる。

謙信が望んだ足利幕府の再興はもはや不可能だが、それでもその先にある戦国終焉を何よりも優先していたであろう。これからは豊臣政権の時代となる。

一六〇〇年

【直江兼続×関ヶ原合戦】

直江状と景勝状

——兼続は家康に書状を送っていない

直江兼続といえば、関ヶ原合戦を誘発した直江状である。直江状なき関ヶ原、直江状なき兼続は考えにくい。

私も直江状は好きで、音読した記憶もある。だが、ある時これは一種の麻薬のようなものではないかと感じ、その書状について考え直してみることにした。

長岡市の直江兼続像

関ヶ原合戦の原因とされる書状

関ヶ原合戦の原因は、「直江状《なおえじょう》」にあったと言われている。

会津上杉景勝の家宰である直江兼続《かねつぐ》が、徳川家康に対して叩きつけた挑戦状である。

よく知られている通り、直江状は原書が存在していない。現在伝わっているのは全て写しである（最古の写しは「寛永《かんえい》十七年［一六四〇］二月廿七日書之」とある）。このため、直江状は徳川時代前期あたりに作られた文学作品と見る作家や研究者は多い。もちろん逆に当時、兼続がほんとうに書いたものだろうと見る専門家もいる。

それで研究者たちが検証したところ、直江状の写しは、書かれた時期によって、内容が少しずつ変わっていっている様子が見えてきた。

初期の写しは、上杉家謀反の噂を聞いた家康に「それは事実ではありません」と弁明する内容で、それが後から往来物《おうらいもの》(124)として挑発的文面に読み替えられていき、やがて「疑うならこちらまで来ればいい。お相手しますから」との追記が加えられることになったのである。

さて、直江状が実際にあったとして、もともと上杉無罪を訴えるものだったとしたら、これを起点に勃発する関ヶ原合戦は家康の強引さが巻き起こした事件ということになる。

しかし、同時代の人々の記録を見ると、どうもそうではなく、上杉家が自ら挑発したと伝える記録を散見する。

家康の印象操作の可能性を疑う向きがあるかもしれないが、景勝および兼続が、実際にどのような態度を取ったのかを確認してみよう。

直江状本文の考察

その訳文や本文およびその考察は書店に並ぶ歴史書だけでなく、インターネットでも検索することができるので、ここでは略する。ただ、直江状というのは家康に宛てられたものではない。兼続の友人で、京都にいた僧侶・西笑承兌《さいしょうじょうたい》に宛てられた書状なのである。

そして同時代の京都の記録に、承兌と兼続が手紙を交わしていたことが伝えられている。

直江状の実在を肯定する論者は、この記録がその証拠ではないかと見ている。

しかし、これが謎を解く大きな鍵となるのだ。

この承兌が兼続に送った書状も、写しが残されている。直江状はこれに対する答書の形をとっている。

通説によると承兌の書状は、家康の意を受けて、兼続に難詰する内容とされている。しかしよく読み返すとそのようではない。少なくともこの書状を送った僧侶は、威勢ある権力に屈して友人を売るタイプの人物ではない。

明国《みんこく》から豊臣秀吉に国書が送られた時、承兌は翻訳を担当した。秀吉家臣の小西行長は「この国書を直訳すると秀吉様は必ずお怒りになる。だからよく忖度するように」と助言されたが、そんなことお構いなく直訳して、予想通り秀吉を激怒させている(『征韓録』『羅山秀吉譜』等)。朝鮮出兵が長期化したのもこれが一因と伝えられている。

真実を真実と言って憚らない、融通の効かない学者気質だったようである。もちろん家康に懐柔されて、兼続や上杉家を政治利用する陰謀に加担することも考えにくい。

それで、長文の承兌書状を見ると、これは詰問状ではなく、兼続の動きを穏便に諭そうとする内容の手紙である。そこでは「上方では景勝がなかなか上洛しないことで、上杉討伐がすぐにも決まりそうなので、早く対応するのがいいでしょう」ということが懇々と述べられ、風雲急を告げるの観があり、緊迫する調子が強く感じ取れる。承兌は兼続と上杉家をとても心配していたようだ。

それがなぜか直江状では、こうした親切な忠告の細々とした部分を、いちいち論破するものとなっている。

上杉討伐を企む家康からの難癖に言い返しているのなら、わからないでもないが、なぜここで友人を論破しようとするのか、これだと兼続がまるで阿呆のようである。

家康は、景勝が謀反するという情報の実否を確かめさせるため、上杉家に使者を向かわせた。通説では、彼らが承兌の書状を持たせられたとある(125)。

もし本当にそのようなことがあったなら、兼続が直江状で友人を論破するのも理解できないこともない。だが、この認識が大きな間違いなのだ。承兌書状は兼続へのプライベートな手紙である。対する家康が派遣したのは上杉家へのパブリックな公使である。

これを一緒くたにしてはならない。

プライベートの手紙とパブリックの使者

家康の使者が、承兌の書状を携えていなかったのは、当時の史料を読み返すとあっさり読み解けることである。これを時系列で見ていこう。

四月一日、京都の承兌が書状を書いた（承兌書状写）。現存する写しを見るほかないが、その内容は、兼続に上杉家が悪事を企んでいると疑われているので景勝に意見することを伝える私的な助言であり、公的な性格はない。一〇日に大坂の徳川家康が会津の上杉家へ公使として伊奈昭綱ら奉行衆を派遣した（島津家久書状写）。一三日に承兌書状を受け取った会津の直江兼続が、翌日に直江状を書き上げた。

五月一一日、承兌が「直江よりの書状に返礼を用意した」事実がある（『鹿苑日録』）。五月一八日、江戸の徳川秀忠が「（上方に帰る途中の）伊奈昭綱から、景勝上洛決定の報告を受けた」と森忠政に連絡した（徳川秀忠書状写）。六月一〇日、上杉景勝が老臣たちに上洛拒否の決定を連絡した（上杉景勝書状）。

これら一連の流れを詳細に見ていくと、おかしなことはたくさんあるのだが、詳しいことは高橋陽介氏との共著『天下分け目の関ヶ原合戦はなかった』（河出文庫）に書いた。紙幅の都合のため、多くは省略するとして、一点だけ述べておく。

それは日付である。

家康の公使は承兌が兼続に書状を書いた九日後に派遣された。公使が会津に到着した日付は不明だが、当時の文献に「関東から京都までは遠いところで二〇日以上、近いところでも一五日はかかる」と筆記されている。

するとと会津は関東よりさらに遠いので、公使は早くても四月下旬頃に到着したことだろう。なのに、直江状日付は一四日となっていて、そこに「書状は昨日読みました」と書かれてある。公使が承兌書状を携えていたとしたら、彼らはたった三日で会津に到着したことになる。だが、言うまでもなくそんなことは物理的にありえない。

ここで誰が作ったわけでもないトリックが明らかになる。家康が派遣した公使が承兌書状を携えていたという通説だが、実のところ、そう書いてある記録はまったく存在しないのである。ただ、直江状の内容が友人ではなく、家康への論破と皮肉になっていることから、近現代の歴史研究家たちが、承兌書状は公使が持たせたものだろうと忖度して、そう結論づけてしまっただけなのである。

だが、そうではない。承兌の手紙は徳川家康が派遣した伊那《いな》昭綱《あきつな》らによるパブリックの使者とは別のものとして、これを書いた日付と同じ四月一日に京都から送られたものであろう。それも携えたのは侍僧の類であったのではないか。こちらは家康の政治意図とはまったくの無関係なプライベートの手紙であった。

この追加情報さえなければ、直江状の論争は、もっと早くに終わっていただろう。

さらに昭和の頃、歴史の一般書において、承兌は「豊臣と徳川のブレーン」とされていたが、平成になってからはなぜか「豊臣」を抜いて「徳川のブレーン」と形容されることが増えてきた。こうして虚像にアップデートが重ねられていったのだ。

そもそも、ちょっと考えれば簡単に作り物だとわかるはずの直江状だが、このように製作者の意図を超えて、二次創作的に設定が追加されたことにより、リアリティを補強されてしまって、今も真贋《しんがん》論争が続くことになったのである。

直江状と史実の兼続返書は別物

では、『鹿苑日録』に記された兼続から承兌への返書というのは、直江状ではないのか。答えはイエスである。兼続は承兌へごく普通の返答を書き送ったと考えてよいだろう。

おそらく承兌は、上方の動向を事前に知らせるため、家康らの監視の目をくぐり抜けて、こっそり内緒で私信を書き送ったのだ。兼続返書は、「あなたの言う通りだ。我が主君・上杉景勝にしっかり意見して、考えを改めさせよう」ぐらいのものだったであろう。

そしてそれから少し遅れて、家康が選抜した豊臣公使が会津へ派遣され、彼らは景勝と直接面談して、謀反の噂を消すために上洛するよう要請した。景勝は一度これに応じる決断をくだした（徳川秀忠書状写）。ただし、自分に叛意ありと主張した者たちの糾明《きゅうめい》を条件としたであろう。やがてまた交渉があって、最終的には「やはり上洛などできない」と決断を翻した（上杉景勝書状）。

この時、景勝は家康への不満を隠さなかったらしく、宣教師の『イエズス会年報集』に、「景勝が書状で内府（家康）など物の数ではないとの態度を示して内府様を挑発し始めた」と記録されている。[126] ここに交渉は決裂した。

ちなみに、景勝の「書状」というのを直江状のことではないかと解釈する人もあるだろう。景勝の代わりに兼続が書状を書いて、それを景勝の意思と受け止められることがあったとして不自然ではない。

だが、直江状の最新研究は、その内容を挑発状ではなく、弁明状と解釈する形でほぼ合意されつつある。その上で景勝の「書状」を直江状とするならば、景勝が家康を「挑発」した態度と整合する再検証が必要になるだろう。

直江状の研究

直江状を一次史料によってどこまで実証に近づけられるかは、現在のところあまり議論が進んでいないように見える。近年の主流は、近世の直江状がどのように変化していったか、その内容がどのようなものであるかの検証に留まっている。

直江状の実在を肯定する研究は郷土史家・木村徳衛《きむらとくえ》氏の『直江兼続伝』(非売品、一九四四)に源流がある。この優れた論述が、現在におけるまで批判的解釈を加えられていない。

同書で木村氏は「所謂有名なる世俗の直江状」の実在を一次史料に求めた。ここに学術的史料批判を交えながら、『鹿苑日録《ろくおんにちろく》』の「慶長五年三月廿九日」に「豊光(西笑承兌)自大坂未無帰宅」、ついで四月一日に「予僕向予曰、豊光只今御帰寺ト云々」、「四月廿二日」に「昨日廿一日、豊光院内府出御ト云々」、「内府豊光へ御持参、白布五十端・金子三枚、榊原織部少輔持参、白楮五十束・白銀三枚持参ト云々、予不知、故不放一語、遺憾」とあるのに注目する。

そして、これらを接続して「承兌は、家康に召されて、三月下旬、兼続宛の書状を認むる為め大坂に行き、四月一日帰寺、四月廿二日に、家康は榊原康政を供して、豊光寺に親しく来謝したのであった」とその経緯を説明した。しかし承兌が「兼続宛の書状を認むる為め大坂」へ出向いたとするのは、直江状を前提とする判断である。その実在を裏付ける根拠とすることはできない。

木村氏は続けて、同書から「五月十一日」に「豊光寺同途にて、欲赴天王寺、自三左路五町ほと行、此時、自豊光寺作内宗林両人来て、自西丸使召有之と、云々、此故に忩々とメ帰去」、「則帰豊光、中尾酉頭也、其時豊光亦帰駕、自直江来状之返礼調之、且くあつて予接書院、於南面拳盞対酌則投宿」とあるのを見て、承兌が兼続からの直江状に「更に返礼を認めたるもの」と見做している。

直江状の実在論は、ここにある承兌と家康および兼続との接点をベースとしてこの「直江来状」を直江状と「＝」で結びつけるものだが、私はここに見える承兌の動向と、周知の直江状を融合させるのは困難だと考える。

承兌が兼続に書状を発したのは事実である。ならば兼続が返書を送るのも当然である。ただ、それを直江状とするには、慎重であるべきだ。承兌は豊臣政権と結びつきの強い人物で、ちょうど謀反の噂が立つ渦中の上杉景勝側近である兼続とも交流があったのだから、家康から接触を受けるのは不自然ではない。会津問題解決のための相談を受けたと考える方が適切ではなかろうか。

これらの状況には、直江状と結びつけたくなる引力がある。だが、結論を急いではならない。

家康は承兌に、兼続を脅かすよう手を貸せと依頼したのではないだろう。そして承兌は、家康率いる豊臣軍が会津の謀反を疑う状況を危ういと考えて、景勝の所行を改めさせられないかと兼続に私信を送りつけたのではないか。

ほかに、五月七日付の奉行衆連署状と称される豊臣奉行衆が徳川家康の会津遠征を諫める書状が裏付けとして紹介されることがある。ここに「直江の所行が行き届かないのにお腹立ちになるのはもっともなことですが、政権の重職に就いたことのない田舎者の礼儀知らずなことですから」と、家康の出馬を止めようとする文面があり、直江状を前提とする内容と読めるであろう。

だがこれも管見の範囲では原本の確認がされておらず、直江状の写しが掲載されている編纂史料にセットで掲載されているので、裏付けにはならない。

木村氏の考察は冷静で参考とするべきものだが、これを根拠に「家康が、兼続から承兌に送り返した書状を見て、怒りを表明した」事態になると受け止めるには、克服するべき条件が多すぎる。

関ヶ原合戦の様相を考究するにあたり、直江状の実在は、現段階では「なかった」前提で仮定を進めていく方が無難であるだろう。

直江状の実在を認めるには、次の問題を克服する必要がある。

承兌が直江兼続を徳川家康に味方して売り渡したとする根拠がない。家康がこうした恫喝を常習していた事実を認められない。私的な書状の往還がいつのまにか公的な書状として扱われているのはなぜか。そして承兌が四月一日に書状を書き上げ、徳川家康からの使者たちが一〇日に会津に向かって伏見を発ち、直江兼続が一三日に書状を受け取って、一四日に返書を書いた。兼続返書は、五月一一日に承兌のもとに届いた。この流れを見る限り、家康の使者と「直江来状（危険な状態にある自分たちに手間というリスクをかけてこっそりと助言してくれた承兌への丁重な返信と思われる）」は無関係である。

天下を動かしたのは景勝状

直江兼続は、直江状とは全く似つかない丁重な返書を西笑承兌に送り、上杉景勝は徳川家康に「内府など物の数ではない」と挑発する態度の書状を書き送った。前者は「シン・直江状」とでも呼べようか。後者は言うなれば「景勝状」である。

景勝状は写しすら残されていないが、あるいは今に伝わる直江状より過激なものだった可能性があろう。

徳川時代初期に当時の史料を参考に創作されたであろう直江状は、書写を繰り返されるうちに初期の原型から離れて挑発状へと変容した。さらにその実在を前提とする偽文書や軍記が増殖していった結果として、『東照宮実紀《とうしょうぐうじっき》』に「豊国寺の兌長老して、直江が許《もと》へ消息してその情を試給ひしに、兼続が返簡傲慢無礼をきはめしかば、今は（徳川家康が）御みづから征し給はでかなふべからずと仰下さる」という今日に伝わる解釈が生まれ、定着したものと思う。

関ヶ原合戦は直江兼続ではなく、上杉景勝の意思によって引き起こされた。だからその敗戦後、兼続は景勝ばかりか上杉家中からもその信任を失わなかったのだろう。

なお、兼続が没した時、幕府は多大な見舞金を送っている。

一六〇〇年

【石田三成】

笹尾山ではなく自害が峰にいた治部少輔

——明治に作られた「史実」

関ヶ原合戦といえば、定番の名場面や舞台がある。

石田三成が布陣したという笹尾山もまたこうした物語に欠かせない装置のひとつであるだろう。我々はこの「史蹟」とどのように接するべきだろうか。

物語と事実の共生を考えたい。

石田三成が布陣したとされる笹尾山

笹尾山布陣という定説

関ヶ原合戦をめぐる研究の進展具合は異常であるだろう。

まさに日進月歩《にっしんげっぽ》で、通説の多くが塗り替えられつつある。主戦場と総大将だけでなく、決戦があった時の政治的経緯と軍事的経緯も従来と全く異なる様子が浮かび上がってきた。

近年の研究では、関ヶ原合戦における石田三成の布陣地が笹尾山《ささおやま》ではないことが指摘されている。当時だけでなく徳川時代の文献を見渡しても、三成が笹尾山に布陣したとする記録は、良質の史料はもちろん、通俗本にも探し出せないのだ。自分もこれを探し出せなかった。

関ヶ原関連の現地を巡り、文献を博捜する高橋陽介《ようすけ》氏は、関ヶ原に従軍した戸田氏鉄《うじかね》の記録『戸田《とだ》左門《さもん》覚書《おぼえがき》』に注目した。そこには「治部少（三成）本陣は松尾山《まつおやま》の下、自害か岡と云所に陣す」とある。同書によると、石田三成は「自害が岡」に布陣すると言い出したという。すると、現地の者から「ここは地名が不吉だからやめましょう」と意見された。それでも三成は自分の考えを曲げなかったらしい。

これはおそらく事実だろう。「自害か岡」は現在の「自害峰《じがいみね》」（関ヶ原町大字藤下）で、笹尾山より二～三キロメートルほど南にある。すぐ近くには若宮八幡宮《わかみやはちまんぐう》がある。そしてここは小早川秀秋《ひであき》が布陣したという松尾山の目の前だ。

高橋氏は論文集『城』（東海古城研究会機関誌）の第二二四号に掲載された論文「関ヶ原新説（西軍は松尾山を攻撃するために関ヶ原へ向かったとする説）に基づく石田三成藤下本陣比定地「自害峰」遺構に関する調査報告」において自身の見解を説明した。説得力ある内容だった。

なお、三成布陣の地が笹尾山ではないとするのは、彼だけではない。細部では高橋氏と異なるが、別府大学の白峰旬教授も笹尾山布陣に否定的である[127]。

高橋説により史実の石田三成が、松尾山のすぐ近く「自害が峰」に布陣した可能性が急浮上した。

ここから先は従来の定説がどのように創生されたのかを確認し、明確な批判を立てていくことが課題となるだろう。

そうしなければ、笹尾山布陣のイメージを拭い去ることは難しい。そこでこの記事では、笹尾山布陣という定説が創生される経緯を見ていくこととしたい。

通説が覆る理由

なぜ通説が大きく揺れているのか。

それは戦後日本の歴史学に、中近世の戦争を研究することへの忌避があり、アカデミックの場でほとんど論じられていなかったことに一因がある。

戦前は合戦内容を、近世に作られたフィクションテキストをベースに進めていたが、歴史研究の蓄積によって深化した史料批判の手法を通すと、これらがとても疑わしいということが見えてきた。

後世史料よりも、同時代史料に重点を置いて再検証すると、前者が脚色もりもりの創作物語であることが明らかになるのは、もはや研究者のみならず歴史愛好家の間でも常識と化している。

歴史の学術誌では長い間、関ヶ原合戦の実態を追及する本格的論考はあまりなかった。有名な布陣図や、メッケルがこれを見て「西軍の勝ちだ」と言ったという作り話に疑義を呈してきたのも歴史学者ではなく、軍事ライターたちであった。

日本の古戦場跡を訪ね歩く人の多くは、合戦布陣図の看板が立てられているのを見たことがあるだろう。歴史愛好家たちも、前世紀の歴史ビジュアル誌に、戦場の布陣図イラストが掲載されているのを見たことがあるだろう。どちらも基本的に戦前から昭和の推定がベースとなっており、特に中世のものは仮説の域を出ないものがほとんどである。

これらは絶対に動くことのない定説とされ、相対化されることなく、揺るぎなく扱われ続けてきた。

しかし、歴史に関心を寄せる人には理解しておいてほしい。全ての歴史は、常にアップデートされる可能性がある。そこに不変の定説というものはないのだ。

「笹尾山」とは書いていない

私が徳川時代の史料を見渡してみたところ、たしかに「石田三成が笹尾山に布陣した」と読める文献は見つけられない。そのかわり、次のような記録があった。

徳川時代における三成布陣の記述を、古い順番に並べていこう。

まず、松平忠明《ただあき》が記したといわれる『当代記《とうだいき》』(一六二四~四四年頃)である。そこでは「二万五〇〇〇以上の西軍は、河戸《こうず》・駒野《こまの》(南濃町駒野)に布陣して、関ケ原には石田三成・

宇喜多秀家・大谷吉継《よしつぐ》・小西行長《ゆきなが》ら将の陣(128)」とあるが、三成の居場所は明確に記述されていない。

ついで酒井忠勝《ただかつ》『関原始末記《せきがはらしまつき》』(一六五六年)は、「三成ハ〔中略〕小関の宿の北の山際」に布陣したと記している。現在の岐阜県不破郡《ふわぐん》関ヶ原町にある小関《こぜき》(郵便番号五〇三・一五二三)から北側を見ると、そこに笹尾山があり、現在の通説はここが石田三成布陣地と比定している。

だが、文献に見える「小関」を、現在の関ヶ原町小関としていいのだろうか。

平安前期の日本令注釈書『令集解《りょうのしゅうげ》』を見ると、「関の左右の小関(129)」とあり、大関たる不破の関の南北にふたつの小関があったことを認められる。そして、これら二つの小関のうちの南方側(北側が現「関ヶ原町小関」)、藤下若宮八幡神社《とうげのわかみやはちまんじんじゃ》を含む地域と考える方が整合性を取れるのではなかろうか。こちらは自害峰とほぼ重なるところにあって、笹尾山からは南に二〜三キロメートル離れたところに位置している。

そして山鹿素行《やまがそこう》『武家事紀《ぶけじき》』(一六七三年)は、「三成ハ小関村北山ノ尾ニ陳(陣)ヲハル(張)」と記しており、先と同じく「小関」村に布陣している。

宮川忍斎《にんさい》『関原軍記大成』(一七一三年)も、「三成は、小関山に本陣を居ゑ」たと記述

関ヶ原合戦における石田三成本陣

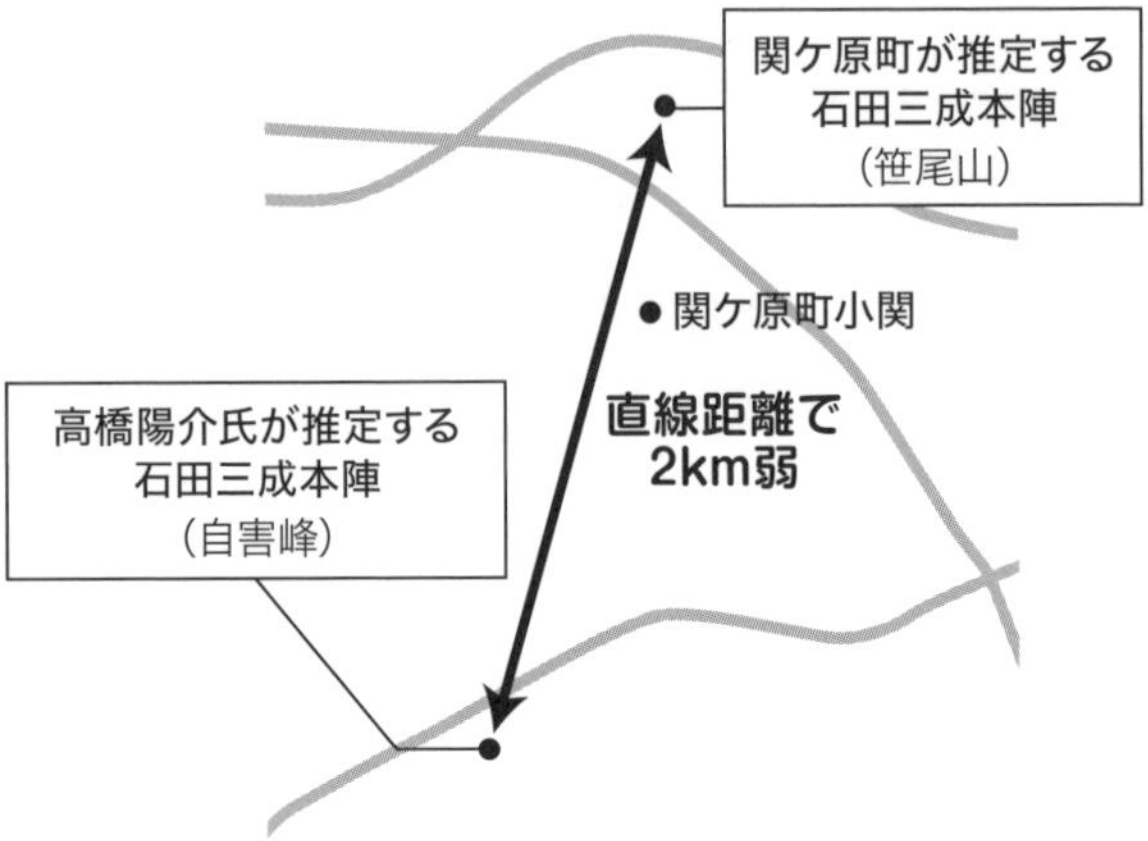

している。同じく「小関」で、しかもそこを「山」としている。笹尾山の南方にあたる「関ヶ原町小関」は平地であって、山地ではない。

これ以外にもここに紹介しきれない無数の文献が、石田三成の布陣地を「小関」としている。このように徳川時代の文献は、三成の布陣地を「小関」を山としていて、その北側であると記述する。だが「笹尾山」と記すものは検出できない。現在比定される「小関」と、過去に二ケ所あった「小関」には相違があるのではなかろうか。

明治に作られた「笹尾山」布陣

三成の布陣地を笹尾山に比定する初見は、

神谷《かみや》道一《みちかず》『関原合戦図志』（一八九二年）である。笹尾山を初めて三成布陣地と明記する部分を紹介しよう。

【意訳】

西軍はいったん山中《やまなか》村に集合したあと、さらに東軍の動向を探り、宇喜多らの諸隊は天満山《てんまやま》（関ヶ原町関ヶ原、北天満山）、小池《こいけ》（関ヶ原町小池）、小関の地に出て、布陣を行なった［中略］笹尾は小関村の北、相川《あいかわ》山の山尾にあり、その夜石田三成は藤川《ふじかわ》を渡り、この地「笹尾」に布陣して東南を向いて隊列を立てた。

【原文】（一八一～四頁、傍点は乃至が付す）

一旦山中村ニ集合シタル後更ニ東軍ノ運動ヲ探知シテ浮田等ノ諸隊ハ天満山、小池、小関等ノ地ニ出デ戦隊ヲ布列セシモノナリ［中略］笹尾ハ〈笹尾ノ丸山ト云フ〉小関村ノ北、相川山ノ山尾ニアリ、今暁石田三成ハ玉ノ藤川ヲ渡リ〈安民記、家忠日記、慶元記、大条志、会津記〉此処ニ著シ、〈松尾山ヨリ山中村ヲ経テ玉村ノ南ニテ藤川ヲ渡リ笹尾ニ著セシナリ〉辰巳ニ向ヒテ備ヲ立ツ

この本に突然「笹尾」の地名が登場するが、その根拠は明確に示されていない。「安民《あんみん》記《き》、家忠日記《いえただにっき》、慶元記《けいげんき》、大条志《たいじょうし》、会津記《あいづき》」を参考にしたとあるが、該当する文献を可能な範囲で見渡しても「笹尾山」の地名を見つけることができなかった(130)。

すると同書の著者である神谷は、何を根拠に三成の布陣地を笹尾山としたのだろうか。

神谷道一が笹尾山と推定した

この謎は、同書の終わりに「附録」として掲載される「関原合戦志附録・関ケ原陣地考証」を読み進めると、推測を立てることができる。この二二ページで、三成の布陣地が検証されているのだ。

こちらも少し長いが現代語訳と原文を掲出しよう。

【意訳】

『関ヶ原始末記』に、〈石田三成は不破関ヶ原に出張し、小関の北の山際に陣を取った云々、その左の山際に、織田信高《のぶたか》と豊臣秀頼の黄母衣《きほろ》衆が横隊をなして後方に控えていた〉とあり、三成陣所の西北にある北国街道《ほっこくかいどう》の山側に陣していたのである。しかしその場所は詳らかではない。

【原文】（二二一頁）

関ヶ原始末記ニ〈石田三成不破関ケ原ニ出張シ小関ノ北ノ山際ニ陣ヲ取ル云々、其左ノ山際ニ織田小洞信高大坂黄母衣衆段々ニ扣タリ〉トアリテ三成陣所ノ西北ナル北国街道ノ山側ニ陣セシモノナルベシ、然レ共其陣地ハ詳カナラズ

ここに引用される『関ヶ原始末記』（一六五六年）の原文を見ると、引用されている通り「不破關原へ出張し、小關の宿の北の山際に陣を取る」とある。神谷はこの「小關の宿の北の山」を、それまで自分の中に蓄積されたイメージに基づき、南北にある小関のうち北側の小関をベースとして「笹尾山」と比定したのではなかろうか。

神谷には、関ヶ原は三成と家康が天下の政権を争う一大決戦だったという史観があった。現在はこの定説に疑義が呈されているが、明治時代は歴史を文学的に解釈する傾向が強く、この伝統的解釈を離れて同時代史料のみから合戦の実像を検証することは困難だった。

ただし神谷は本文で、すでに三成布陣地を笹尾山と特定しているにも関わらず、こちらの附録では、「小關の宿の北の山」を笹尾山に結びつけることなく「その場所は詳らかではない」としている。

ここから考えられるのは、神谷は附録を先に書き進め、後から本文を書き上げた可能性があるということである。だから、本文で三成布陣地を笹尾山と確言しておきながら、附録で「小関の北の山」がどこなのかを不明としているのである。

こうした論理と根拠を繋ぎ合わせる説明が不十分な形で編集され、製本化されたのが『関原合戦図志』であったようだ。このため、過去の軍記に馴染みの薄い読者が本文に目を通すと、笹尾山布陣はまるで示すまでもない既成の事実として、古くから確定しているように誤読されるものとなった。

ここまでなら、神谷の仮説もやがて忘れ去られたことだろう。しかしほどなく関ヶ原を熱心に研究する機関が大著を集成させた。その機関は歴史学の専門チームではないものの、背後に国家権威を有していた。しかも彼らは神谷の研究に取材して、布陣図を掲載したのだろう。この布陣図は、それから約一〇〇年以上、定説とされることになった。作製チームは、旧日本軍の参謀本部である。

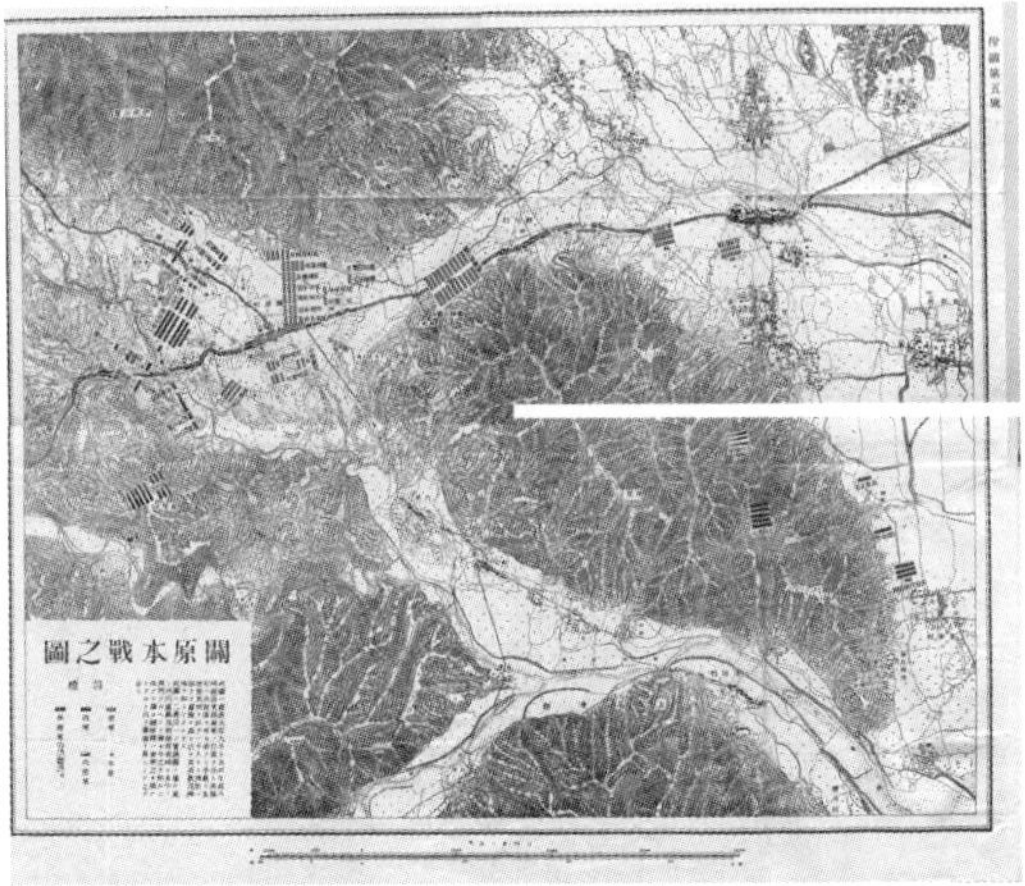

『日本戦史　関原役附表附図』所収「関原本戦之図」（国立国会図書館所蔵）

参謀本部が編纂した『日本戦史 関原役』（一八九三年）の布陣図は、その後、関ヶ原合戦を扱う書籍で流用され続けることになった。同図はこうして拡散されていく。

後年、この布陣図を受け入れた歴史愛好家たちは、合戦時の石田三成や大谷吉継らの心境を語らうことで、歴史語りを断絶させることなく、その本義を蘇生・延命させてきた。ここから作られた小説などの創作物語を愛する人々も現地を訪ね、笹尾山の地に魂を宿らせていった。

おそらく三成は自害峰に布陣したのであろう。だが、明治期に提唱された笹尾山への布陣イメージが、日本人の記憶に刻み込まれ、強固な〝真実味〟を獲得していく。

聖地と史蹟のはざま

ところで『関ヶ原始末記』の記述を見ると、神谷の位置比定は無理がある。

まず同書の石田三成は、西の松尾山に現れた小早川秀秋に裏切りの疑いがあると判断した。このため、北側に現れた徳川家康を無視して、大垣城を出て密かに西へ進んでいる。三成は小早川勢に近づくことで、離反の虚実を確かめ、味方に引き留めることを目的としていたので、松尾山から距離のある笹尾山に布陣する理由はなかった。

さらに島津惟新《いしん》（義弘《よしひろ》）は「石田か後ろに陣をとる」とあり、西軍が徳川軍と小早川勢に挟撃されると、徳川軍の先手である松平忠吉《ただよし》・井伊直政《なおまさ》の攻撃を真っ先に受けて激戦した。すると惟新が笹尾山の「後ろに陣」を布いているとすることはありえず、松尾山から見て三成の背後を警護可能なところにあり、東から現れた徳川軍先手と交戦したと考えられよう。

さらに島津隊の「其《その》南ハ越前海道より関原の本道を限り」、そこに宇喜多秀家・小西行長・大谷吉継・大谷吉治《よしはる》・平塚為広《ためひろ》・戸田勝成《かつしげ》らが布陣していたという。そして「其西の方、本道の南、松尾山の下」に、小早川秀秋・脇坂安治《やすはる》・朽木《くちき》元綱《もとつな》・小川祐忠《すけただ》らが陣取っていた。これらの陣所を従来説の配置で考えると違和感が残るのだが、近年、高橋氏や白峰氏が打ち出した合戦像から想像すると、整合性が取れてくる。明治以前の三成は、笹尾山ではなく、小関付近の自害峰にいたのである。

　なお、笹尾山の「石田三成陣跡」は碑石が立ち、馬防柵《ばぼうさく》が「復元」され、観光地として整備されている。令和四年に私がここを訪れた時、大勢の観光客でとても賑わっていた。老若男女いずれの人々も楽しそうな顔をしていた。

　ここに三成が足を踏み入れてすらいなかったとしても、この地は訪ねるべきだと思う。笹尾山こそ関ヶ原の古戦場一帯を一望できる景勝地であり、さらには関ヶ原文学の世界へ繋がるゲートでもあるからだ。

　この地はこれから歴史研究の検証結果と乖離することになっていっても、これからも関ヶ原物語の「聖地」として、永く愛されていくに違いない。

一六〇〇年

【本多忠勝×石田三成】

戦乱を終わらせ、苦い平和を迎える

――無双の壮士、敗者に手をつく

石田三成は、関ヶ原合戦後に捕縛されて処刑された。その時、三成が何を思ったかは人々の関心を集めており、多くの史話が創作された。しかし、事実はどうであったか。同時代の徳川家臣・本多忠勝もその本心が知りたかっただろうか？

忠勝は我々よりも先に、これから最期を迎えんとする三成のもとを訪れた――。

石田三成像（「関ヶ原合戦絵巻」［一］より国立国会図書館所蔵）

石田三成と徳川家康の関係

石田三成と徳川家康は不仲であったと言われている。

そうした印象に基づいて両者の動きを見ていくと、関ヶ原合戦は、三成の主家への忠心と、老獪な家康の野心がぶつかったもののように見えてくる。

しかし、同時代の史料を見る限り、ふたりの間にそれほど深刻な対立は感じられない。それどころか、どちらも豊臣公儀（公的政権）の維持のために尽力しており、時に相互協力をも惜しまなかった様子があるようだ。

もちろん過去には、三成は家康に面と向かって非難することもあった。例えば、慶長四年（一五九九）正月、「家康が亡き太閤・秀吉の遺言に背いて身勝手な婚姻を進めている」ということで、毛利輝元を筆頭に四大老・五奉行らが家康を糾弾する事件が起きた。これに同調する三成の舌鋒は鋭かった。

「［あなた＝徳川家康は］国家の統治にあたってひどく権力を我がものにしており、また

天下の支配権を獲得する魂胆の明白な兆候を示している」と難詰したのである。(131)

これは三成個人の憎悪が原因ではなく、四大老と奉行の総意として動いたものだった。その証拠に、家康の潔白が認められてからは三成も反省したらしい。家康およびその直臣たちも三成個人を恨んではいないようだった。

同年閏三月、三成が豊臣大名らの訴訟騒動に追い込まれた時、徳川家康が厳しい顔でこれに介入した。(132)そして三成を居城の佐和山城《さわやま》へ蟄居させ、奉行職を引退させた。しかも家康は、訴訟側の大名に三成の「子息」を人質に取ったと誇らしげな手紙を書き送っている。これをふたりの権力闘争の結果と評価するのが一般的だが、よく見るとそうではないらしい。

なぜなら家康も、「家康子人質《いえやすのこひとじち》」として自分の息子を佐和山城の三成のもとへ送っているのである（『浅野家文書』一一〇号および『多聞院日記』閏三月一一日条）。

おそらく家康は訴訟大名たちの怒りが収まらないので、自分が三成を圧迫してやったというポーズを取りつつ、三成の気持ちにも同情して、こっそりこのような対応を行ない、双方の気持ちを宥めようとしたのだろう。

トラブル続きの豊臣公儀

豊臣公儀ではその後もトラブルが重なる。

同年秋、前田利家《としいえ》の跡を継いだ加賀の前田利長《としなが》に謀反の噂が立ったのだ。

家康は利長が挙兵しないよう慎重に動く。

その際に家臣の柴田左近《さこん》を佐和山城に派遣して、三成に問題解決への協力を要請した。かくして同年一一月、家康の指示で、大谷吉継の養子・吉治と石田三成の内衆《うちしゅ》一〇〇〇余が越前に配備された。その後、噂は誤解であることが判明。全ては沙汰止みとなり、大きな紛争にはならなかった。関ヶ原合戦が起こるのは翌年の九月だが、この頃まで両者は不仲でも何でもなかったようだ。

ちなみに、この少し前、大野治長《はるなが》、浅野長政《ながまさ》らによる家康暗殺計画があった。しかし、これを事前に察知した三成が「ひそかに書面で「このことを」家康に知らせた」(133)ので、暗殺は計画は未遂に終わった。

ドラマなど創作物の三成は、家康暗殺を企てることも多いが、事実は正反対で、三成は家康を救っているのである。

ここまで三成に、打倒家康の一念など見られない。

そこにあるのは、個人的な好悪ではなく、先の私婚事件で三成が語った言葉から印象されるように、「天下」が私物化されることへの警戒心であり、つまりは私よりも公を重んじる公正無私の気持ちであっただろう。天下国家を語って、私欲の薄い人物で、それらを論理的に思考して、言葉として発することのできる政治家であり、戦略家であったのではないだろうか。

三成の屈折

ただ、三成は隠居の身としてその生涯を終えるつもりはなかったようだ。

奉行職を退いてからというもの、豊臣公儀と家康は苦闘を重ねている。大老筆頭・家康の暗殺未遂事件、前田利長の討伐騒動、そして今度は会津の大老・上杉景勝に謀反の噂が立っていた。すべて家康が単独で対処している。自分が現職であったなら、これらの混乱をもう少し緩和できたかもしれない。

自分にもっと力があれば——と考えるのは、権勢欲なのかもしれないが、そうだとしても当時の健康的な武士ならば、誰にでも備わっている当たり前の感覚だったはずだ。

政治問題が連続する中、安芸の大名で、五大老のひとりである毛利輝元は、家康を排して大老筆頭になりたいと思っていた。輝元こそは、司馬遼太郎の小説『関ヶ原』における家康ですら霞んでしまうほどの野心家だった。

家康に遺恨や不満のある者たちは、ここで輝元と結びついていく。その中に、大谷吉継もいた。その吉継が三成に、自分たちの党派に加わるよう声をかけた[134]。出陣途中、わざわざ自分から三成の居城に赴き、密談したのである。この時家康は会津対策のため、関東に出向いていた。吉継はこれに従軍する道のりで、三成に挙兵を誘ったのである。

庚子争乱の勃発

三成は形の上では引退していたが、豊臣公儀の内情をよく理解し、長期的視点も備わっていた。

三成は、吉継に勧誘されて、動揺したことだろう。家康に遺恨はない。大将としてその手腕は卓越しており、今ここで誘いを断わっても、すでに輝元は動いているはずで、そうなれば吉継は挙兵して敗北する可能性が高い。だが、景勝のもとには、友人の直江兼続が仕えている。景勝は戦意旺盛で、輝元も野心満々である。一部の大名たちが抱いている家康へのヘイトも、ほぼ頂点に達していよう。これらが結びついて大乱が勃発すれば、家康は危ういことになるかもしれない。

そして、万が一にも輝元の天下になったなら、自分の居場所は家康の天下以上になくなるだろう。そうなれば、輝元が天下を私物化することになる。公戦と私戦の境目は、すでにないに等しい。これを明確に線引きするには、公私混同を退ける人物が必要である。しかし、そのような者が今どこにいるだろうか。

もはや迷っている時間はない。三成は覚悟を決めた。吉継の誘いに乗ったのである。天下は西軍と東軍に分かれ、庚子争乱と関ヶ原合戦への道が開かれた。西軍諸将は公儀を自認して立った。

捕虜となった三成と徳川家臣の対面

九月一五日、西軍は徳川家康率いる東軍に惨敗した。大谷吉継は戦死した。三成は地元の近江に逃亡するが、徳川方の田中吉政《よしまさ》に身柄を確保された。ほどなくして三成を閉じ込める牢屋へ、「東国無双の名を得し壮士」(135)と伝わる徳川家臣の本多忠勝《ただかつ》が訪問する。

この時のやりとりについて、関ヶ原合戦に従軍した人物の回顧録には、牢屋の番人の証言が残されている。

【意訳】

本多忠勝が見廻りにやってこられた。忠勝は三成に会うと畏《かしこ》まって両手をつき、「三成殿はご判断を誤られ、このようになられました」と述べた。しかし三成は何の挨拶もせず、寝ておられた。

【原文】（『慶長年中卜斎記』中之巻）

本多中務《なかつかさ》見廻に被参、治少へ御逢候時畏り両の手を突、治部少輔殿、御分別御違其体に被為成と被申候へ共、治部少何の挨拶もなく寝て被居候、

このときなぜ忠勝は、これから処刑される男に、両手をついて言葉をかけたのだろうか。忠勝も三成も官位は共に従五位下である。石高は忠勝が一〇万石、三成がもと二〇万石であったが年齢は忠勝が一二歳年長で、何より勝者と敗者との格差があった。ならば踏みつけても許されるはずの罪人にどうして畏まる必要があろう。

おそらくどこか心惹かれていたのだ。

もし三成が、野心や私利、または狭量な正義感で動くような人物だったら、忠勝が手をつくはずもない。

俗話と真実の狭間

俗話では、処刑される前の三成は、本多正純《まさずみ》・福島正則《まさのり》らに面罵されて、自らの大義を堂々と語り返したという。また、小早川秀秋に対しては、怒気を露わにして非難したという。しかし、どれも三成という人物を図りかねた後世の作り話に過ぎない。

数日後、三成は何も語ることなく処刑場に連行されていく。そこでもうひとつ俗話がある。三成が喉が渇いたというので、番人が柿を差し出した。すると三成は「柿は痰《たん》の毒である」と断った。番人は笑った。「死に際に、健康を心配するのか」。しかし三成は言う。「大望ある者は最後まで諦めないものだ」。この時の三成を「限りなく正しく、限りなく下らない」と評する声もある。もちろん柿の逸話も後から作られたフィクションである。

東軍は別に政権が欲しくて戦ったわけではない。家康も秀吉の遺言に従い、公儀に尽くしてきたが、そのたびに痛い目に遭ってきたので、そこにこだわる気持ちはすでに薄かったであろう。義理は尽くした。

そこで石田三成の処遇である。争乱の主犯は言うまでもなく、毛利輝元である。あとは会津の上杉景勝ではないか。彼らは細やかに密謀を凝らすことなく、ただゆるやかに連携していた。これをするどく責めたところで、家康にも日本にも利となることは何もない。ならば、捕虜となって死刑を免れ得ない東軍の石田三成、小西行長、安国寺恵瓊《えけい》らに全てを押しつけるのが手っ取り早い。そしてそれは彼らも覚悟していたであろう。日本国内の争乱はそうやって解決されるのが当たり前だったからだ。

忠勝はこれから三成が無数の罪をなすられて殺されることを知っていたに違いない。三成も理解していたはずである。だから忠勝は両手をつき、三成は黙っていた。

捕縛されてからの三成の言葉は、一次史料に一言も伝わっていない。

おわりに

歴史とは、共同体の記憶である。

それが事実であろうと物語であろうと、その共同体が生きる糧とするならば、必ず先の道に光を示してくれる。

本書では、その事実と物語が衝突するところに光をあてたつもりだ。

本書を読了したあと、それまで通り、史跡を訪ね歩いたり、日本史の紹介動画を楽しんだり、専門家の精緻な検証を読んでみたりすることを望んでいる。

そこでそれまで見慣れていた風景が、本書に触れる以前と異なって見えたなら幸甚至極、これに過ぎる喜びはない。

編集の渡邉勇樹さん、山内菜穂子さん、そして編集長の黒田俊さんには、大変お世話になりました。ありがとうございます。

最後になりましたが、本書を手に取ってくださっている皆さんに心より感謝申し上げます。

令和五年夏

乃至政彦

脚注

(1) 前年に「毎日新聞」で連載されていた。毎日新聞社、二〇〇六
(2) 描き下ろし小説。文芸社文庫、二〇一四
(3) 俗に「女体化」とも言う。
(4) 『北越太平記』巻之一
(5) 一五〇六年八月に祖父・上野家成から知行を譲られたばかり。
(6) 最近は大人でも「女子」と呼ばれるが、昔は原則として未成年を指していた。
(7) 本来は「なんしょく」と読む。「だんしょく」ではない。ついでに「衆道」も本来は「しゅどう」である。「しゅうどう」ではない。豆知識として覚えておくと何かとお得である。
(8) 一五五二年一月二九日付／河野純徳訳『聖フランシスコ・ザビエル全書簡3』平凡社の訳による。
(9) 松田毅一・川崎桃太訳『完訳フロイス日本史』中公文庫の訳による。
(10) 一般的には、後年に作られた史料（伝聞、創作を含む）のこと。研究者によっては、一次史料の写し（特に原本のないもの）も含む。国立国会図書館のウェブサイトでは「「そのとき」「その場で」「その人が」の三要素を充たしたものを「一次史料」と呼び、そうでないものを「二次史料」と呼んでいる。公家が遠国から伝え聞いた噂話を日記に書いたとしても、当事者性がないので、一次史料の範囲には含まれない。戦国時代を扱う徳川時代の軍記は、二次史料と呼ばれるが、徳川時代の調査においては一次史料として扱えるという意味でこの解釈は無視できない。
(11) 一般的には、同じ時代に当事者が発した情報の文献のこととして認識されている。
(12) 前掲ザビエル書簡
(13) 『異国叢書 耶蘇会士日本通信 豊後篇 上巻』
(14) 軍勢を率いて京都に入り、敵対勢力を排除して中央政府の主導権を掌握すること。

(15) 杉谷宗重『大友興廃記』巻四所収。偽作説も強い。

(16) 戦国時代というのは学術用語のように扱われることもあるが、通称の範囲に留めるのが適切に思う。教科書などが時代区分に使うのは「室町時代（足利時代●戦国前期～中期）」→「安土桃山時代（戦国後期～豊臣時代）」→「江戸時代（徳川時代）」で、戦国時代や豊臣時代という用語は使わない。本書は便宜上わかりやすい通称を使う。

(17)『西国太平記』

(18) 藤井崇『大内義隆』ミネルヴァ書房、二〇二〇

(19)【原文】「去々年毛利右馬頭（元就）御一献為下向候時も重矩言上分ハ、毛利事、隆房申談罷下之由承及候、御油断不可然候、毎夜隆房悴者《かせもの》忍び候て、毛利旅宿へ文箱を持ちかよひ候由」

(20)【意約】討つ人も討たれる人もそれぞれ、霞または雷のように一瞬だけのものであるように思う。

(21) 天文二〇年成立『大内義隆記』

(22) 前掲毛相良武任申状

(23) ボウガンのこと。軍事史の議論を好む層で、武士はなぜ手盾を使わなくったのかという問題と並んでよく話題になる。

(24) 桃崎有一郎『武士の起源を解きあかす』ちくま新書、二〇一八

(25)【原文】「凡私家、不得有、鼓鉦・弩・牟・矟・具装・大角・小角及軍幡、唯楽鼓不在禁限」

(26) 以下、乃至政彦『平将門と天慶の乱』講談社現代新書、二〇一九

(27) 川尻秋生『平将門の乱』吉川弘文館、二〇〇七

(28) 物部《もののべ》氏もこれが語源であろうか。

(29)『上越市史』一二〇四号文書

(30)『戦国遺文後北条氏編』五八一号文書

(31) 宇都野正武編『久能山東照宮宝物解題』画法社、一九一五等

(32) もちろん今川義元から直接指示をもらったのではなく、現場の判断としてであろう

(33)『三河物語』第二中

(34)町田本と陽明文庫本は、太刀と長刀の部分が「鉄炮」となっている。

(35)【原文】「分国留守中きつかいなく天下江令上洛」

(36)土井忠生・森田武・長南実訳『邦訳日葡辞書』岩波書店、一九八〇

(37)【原文】「かまくらの十人《（住人）》・二郎三郎殿」

(38)【原文】「てんかのめいちん」

(39)【原文】「天下戦国之上者、擲諸事、武具用意可為肝要」

(40)または官人の給与。自ら作り貯めこむ財宝のことではない。

(41)黒坂勝美『虚心文集』吉川弘文館、一五四一

(42)「命は南山のように長大であれ」の意。

(43)「幸福は東海のように広大であれ」の意。

(44)「家康は誠実である」の意。

(45)【原文】「上意被寄御馬、御自身被切懸候へハ、天罰候哉、随分之者共悉被討捕、其儘敗北候」

(46)久野雅司『織田信長政権の権力構造』戎光祥出版、二〇一九

(47)福井県郷土誌懇談会『若越郷土研究』二九八号・二〇一四

(48)「やたかの下ニ野陣」／『信長公記』

(49)『細川家記』一・藤孝一所収文書

(50)『細川家記』一・藤孝一所収文書

(51)もちろん長柄の武器自体は古くからあった。

(52)本稿は、主として齋藤慎一『中世武士の城』吉川弘文館（二〇〇六）を参考とした。

(53)萩原大輔『謙信襲来』能登印刷出版部、二〇二〇

(54) 八尾正治「松倉城の水口」／富山県総務課『みんなの県政』二九号・富山県、一九七一
(55) 魚津市教育委員会『松倉城郭群調査概要』富山県魚津市、二〇一五
(56) 魚津市教育委員会『松倉城郭群調査概要』富山県魚津市、二〇一五
(57) 久保尚文「越中神保氏歴代の概説と研究史」／『富山史壇』一八五号、二〇一八
(58) もと神保長職家臣。この頃には半ば独立的な立場となっていたようである。
(59) 本題に関係ないが、玄任には軍記『加越闘諍記』に興味深い挿話がある。天正四年八月の頃だろう。玄任は織田軍相手に奮戦した。仲間である和田房主は、配下の兵たちに「敵の方へ懸る足は極楽浄土」に、「引退く足は無間地獄の底」に行くぞと叱咤激励した。しかし一揆勢は敗北。和田房主は真っ先に逃げ帰り、残った玄任は戦死した。帰り着いた和田房主は、そこで玄任の女房が泣き叫ぶ姿を目にする。哀れに思った和田房主は、玄任の成仏を保証する説法をもって女房を慰めようと努めた。しかし女房は「私は極楽浄土に行かれる玄任様のことはともかく、和田房主様が無間地獄に落ちる運命を嘆いているのです」と答えたという。
(60) 藤井崇『大内義隆』ミネルヴァ書房、二〇一九
(61) 「戦時禁制」の呼び名が先例としてあるが、ほかの専門用語と紛らわしく、違和感があるのでここではこちらで通すことにする。
(62) 竹井英文『東日本の統合と織豊政権』吉川弘文館、二〇二〇
(63) 竹井前掲書
(64) 畿内の戦争で「足がる」が流行し始めた文明一二年［一四八〇］、一条兼良は『樵談治要』で足軽が「強盗」のようだと非難して、幕府にその停止を要請した。以後しばらく幕府が足軽を活用した形跡はない。
(65) そのため「押し買い」を禁止する戦地禁制も多発された。
(66) 川戸貴史『戦国大名の経済学』講談社現代新書、二〇二〇
(67) 陸軍糧秣本廠編『日本兵食史下巻［改訂増補］』食糧協会、一九四二

(68)島尻勝太郎、中村栄孝谷川健一編訳『日本庶民生活史料集成 第二七巻 三国交流誌』三一書房、一九八一
(69)三田村鳶魚『江戸百話』大日社、一九三九
(70)久保健一郎『戦国大名の兵粮事情』吉川弘文館、二〇一五
(71)西股総生『「城取り」の軍事学』学研パブリッシング、二〇一三・角川ソフィア文庫、二〇一八
(72)離宮八幡宮文書／『増補改訂織田信長文書の研究』三六五号
(73)【原文】「家康さへ滅却仕候はば、信長には百日と手間は取まじ」
(74)『明史』巻九〇に「総旗二名、小旗十名」を設けて「百戸所（一三〇人）」を統轄したことが見える。
(75)騎馬武者が甲冑の背中に取り付けて矢を防いだ大きな布。マントのようだが、竹で形状を整えて大きな膨らみを成した。
(76)平野仁也「徳川創業史にみる三河武士像」／『江戸幕府の歴史編纂事業と創業史』清文堂、二〇二〇
(77)【原文】「越後国御仕置ニ実子タリトモ名跡十五才ニ不成候得者、知行被召上、成人之後、功に依て本知段々被返下候御大法也」／『米沢上杉家之藩山吉家伝記之写』（『三条市史資料編第二巻古代中世編』）
(78)北条時代の実名は不明。
(79)乃至政彦『謙信×信長』ＰＨＰ新書、二〇二三
(80)「おみじょう」または「おみのき」と読む。
(81)次代の後見人筆頭にして、正当な一期《いちご》の家督相続者。
(82)『別本歴代古案』巻五
(83)乃至政彦『謙信×信長』ＰＨＰ新書、二〇二三
(84)「四九年の人生は一眠りの夢、このような栄華も一杯の酒のようであった」の意。
(85)伊東潤・乃至政彦『関東戦国史と御館の乱』洋泉社歴史新書y、二〇一一
(86)乃至政彦『戦国の陣形』講談社現代新書、二〇一六等
(87)個人蔵。妙高市指定文化財（指定年月日平成二一年四月二二日）

（88）【原文】「鉄炮は、遠業の物なる事も候べし。浄真入道が働、希代の名誉に候」
（89）『松隣夜話』巻之中
（90）『北越軍談』始末巻【原文】「首対面実検有て、涙を流し宣ひけるは、景虎元《もと》より他姓ながら、既《すで》に先公（謙信）父子の約あり。予（景勝）又姉婿《むこ》顕然《けんねん》たれば、実に兄弟の礼を用ひ、水魚の思いを本《ほん》として、国下の保護を成《な》すべき事、理に於て切論《せつろん》（＝真剣に主張すること）たるに、如此《かくのごとき》の仕儀《しぎ》」
（91）藤田達生『蒲生氏郷』ミネルヴァ書房、二〇一二
（92）西股総生『戦国の軍隊』学研プラス、二〇一二・角川ソフィア文庫、二〇一七
（93）乃至政彦『戦う大名行列』ベスト新書、二〇一八・SYNCHRONOUS BOOKS、二〇二二
（94）【原文】「書中具二備へハ見る心地ニ候」
（95）長尾降幸「天正九年六月上日付け明智光秀軍法」／渡邊大門編『考証 明智光秀』東京堂出版、二〇二〇も参考のこと。
（96）拙者「戦国期旗本陣立書の成立」『戦国の陣形』『戦う大名行列』『謙信越山』等
（97）上杉謙信の車懸りを実行するために任じられたであろう指揮官。柿崎晴家など。
（98）戦国時代を生きた儒医・江村専斎の談話を弟子の伊藤担庵が書き残した近世初期の逸話集。
（99）松田毅一・川崎桃太訳『完訳フロイス日本史』中公文庫の訳による。
（100）余談ながら本来は「さいか」であって「さいが」とは濁らない（武内善信『雑賀一向一揆と紀伊真宗』法藏館、二〇一八）。
（101）乃至政彦『戦う大名行列』ベスト新書、二〇一八・SYNCHRONOUS BOOKS、二〇二二
（102）年齢には諸説あり。参考：乃至政彦『信長を操り、見限った男 光秀』河出書房新社、二〇一九
（103）こうした数値は歴史関連の書籍でもよく見かけるが、出典となる文献を示すものは見かけない。インターネットでよく伝搬されているが、誰がどのように集計したものなのかは検討の余地があろう。
（104）要するに、手当たり次第。

(105)『戦国遺文後北条氏編』七二五合文書
(106)黒田基樹『戦国関東の覇権戦争』洋泉社歴史新書y、二〇一一、簗瀬大輔『小田原北条氏と越後上杉氏』吉川弘文館、二〇二二等
(107)【原文】「手負・死人故、房州衆・酒井陣者悉明、廿三之晩景、越衆少々相移之由」
(108)【原文】「五百餘討捕、其外女童申ニおよはつ、犬訖なて切ニ為成候条、以上千百餘人きらせ申候」
(109)【原文】「小手森責落候而、二百餘撫切、不知其数候、定而可為満足候」
(110)【原文】「其外男女共ニ不残為討、以上八百人計討捕候」
(111)【原文】「厳ク攻メ給ハサル故ニ城中如此ノ自由ヲ申出ス」
(112)【原文】「男女八百人許リ、一人モ残サス目付ヲ附テ斬殺」
(113)【原文】「ナテ切ト被仰付、男女牛馬迄切捨、日暮候テ被引上候」
(114)【原文】「城中ニ引退キ大音上テ、諸方皆破ラレタリ、男女トモニ早自害ヲセヨ、敵ミタレ入ソ、亂妨ニ取ルナ切捨ラルナト下知シテ、具足脱捨腹切テソ臥タリケル、[中略]剛ナルカナ城中ノ者トモ、陪臣ノ下部《しもべ》ニ至ルマテ、落行ントスル者一人モナシ、或ハ討死或ハ自害シテ死モアレハ、炎ノ中ニ飛入テ死モアリ、」
(115)日本史の書籍で、攻撃側の作戦行動を「焦土戦術」と記すものがあるが、普通はこちらの意味で使う。
(116)本書では豊臣公儀が毛利輝元派の西軍と徳川家康派の東軍に分裂して衝突する政争を「庚子争乱《こうしそうらん》」、美濃関ヶ原で行なわれた戦闘を「関ヶ原合戦」と呼称する。
(117)【原文】「子曰、巧言令色、鮮矣仁、」
(118)【原文】「子貢問君子、子曰、先行其言、而後従之、」
(119)【原文】「子曰、古者、言之不出、恥躬之不逮也、」
(120)【原文】「子曰、君子欲訥於言、而敏於行、」
(121)【原文】「現世之非御名聞」

(122) もと関白。上杉謙信の関東越山を促し、東国を武力制圧させた後、率兵上洛させようとしたようである。拙著『上杉謙信の夢と野望』謙信越山』参考。

(123)【原文】「景勝事、乍若輩被匡先筋目、相応之儀於蒙仰者、随分不可存疎意」

(124) 往来物とは、近世に文章の手本として往復書簡を掲載する教本のこと。

(125) もっともそのような事実は史料には確かめられていない。

(126) 松田毅一監訳『十六・七世紀イエズス会日本報告集 一期三巻』同朋舎出版、一九八八

(127) 白峰旬「関ヶ原の戦いにおける石田三成方軍勢の布陣位置についての新解釈：なぜ大谷吉継だけが戦死したのか」／『史学論叢』四六号

(128)【原文】「二万五千余、こうづ駒野に居陣す、関ヶ原には石田治部・浮田中納言・大谷刑部・小西摂津守将陣」

(129)【原文】「関左右小関」

(130) もしも見つけたら教えてほしい。異本がある場合、見落としがないとは言い切れないからだ。

(131) 松田毅一監訳『十六・七世紀イエズス会日本報告集 一期三巻』同朋舎出版、一九八八

(132) いわゆる「石田三成襲撃事件」。実際は訴訟騒動と見る説もある。

(133) 朴鐘鳴訳注・姜沆『看羊録』平凡社

(134) 毛利輝元の野心、合戦前の大谷吉継の動きなどについては、乃至政彦・高橋陽介『天下分け目の関ヶ原合戦はなかった』河出文庫、二〇二一を参照のこと。

(135)『真書太閤記』第四編巻之一

至《し》政彦《まさひこ》

史家。1974年香川県高松市生まれ。神奈川県相模原市在住。2011年伊東潤との共著『関東戦史と御館の乱』（洋泉社歴史新書y）でデビュー。単著に『謙信×信長 手取川合戦の真実』（PHP新書)。『謙信越山』（JBpress／ワニブックス)、『平将門と天慶の乱』『戦国の陣形』（講談社現代新書）ほか、論文に「「上杉謙信并二臣像」と後継者の移行」（『歴史研究』52号・2010)、「戦国期における旗本陣立書の成立について」（『武田氏研究』53号・2016）がある。執筆・講演・メディア出演などで活動中。

戦国大変《せんごくたいへん》

著者　乃至政彦《ないしまさひこ》

2023年6月30日　初版発行

装丁・本文デザイン　mashroom desin
校正　福田智弘
図版　諫山圭子

発行人　菅原聡
発行　株式会社日本ビジネスプレス
〒105-0021
東京都港区東新橋2-4-1
サンマリーノ汐留6階
電話　03-5577-4364

発売　株式会社ワニブックス
〒150-8482
東京都渋谷区恵比寿4-4-9
えびす大黒ビル
電話　03-5449-2711

印刷・製本所　近代美術株式会社
DTP　株式会社三協美術

 ISBN978-4-8470-7319-9 C0021

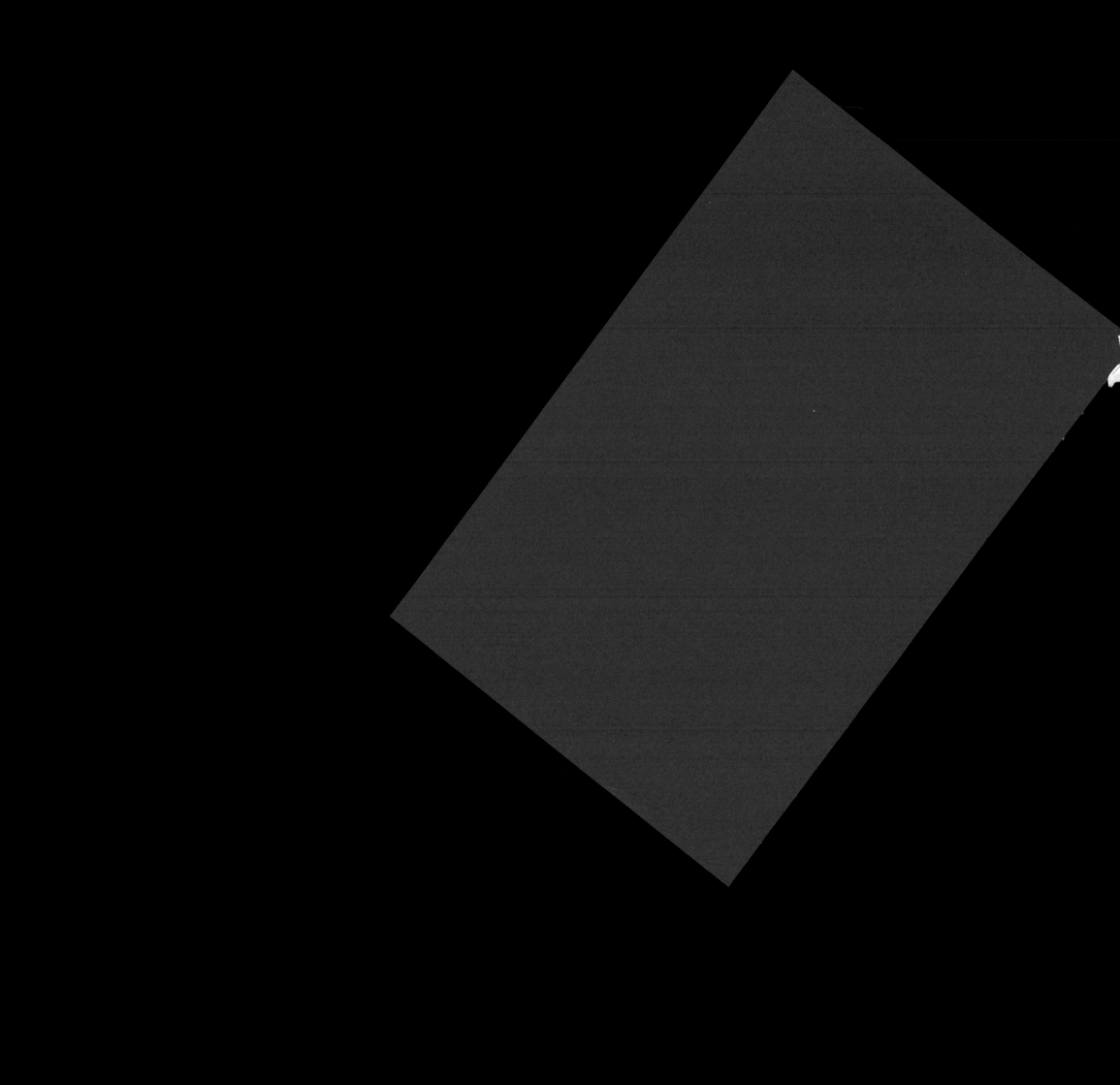

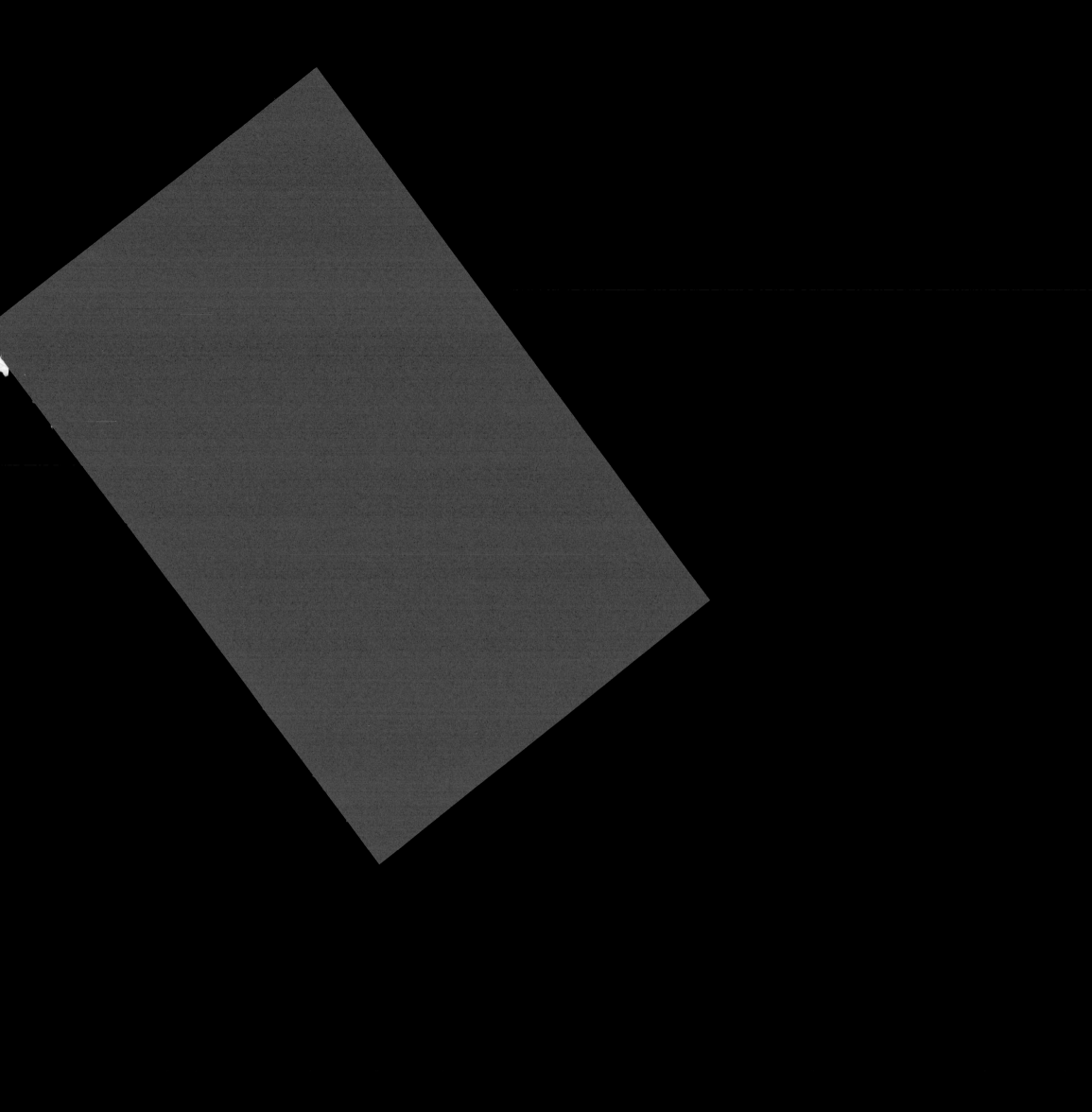